KB012537

콘크리트 유토피아

콘크리트 유토피아

아카이브 북

목차
Contents

그리고 이 도시, 이 시대의 진정한 유산인 양 유구한 모습으로 서 있는 빌딩과 아파트들.

각기
다른 이름,
다른 모양, 다른
높이로 솟아있다.

한강변을
죽 두르고 있는
모양이 역사책 속
위대한 도시의

성벽 같고...

땅이
크림브륄레
깨지듯
난리를 치며

모든
풍경들을
삽시간에
쓸어버리려는
순간, 암전.

중정에
모두 모여
웃고 있는 영탁을
비롯한 주민들,
화면을 향해
손하트,
따봉 등을
날리며

웃고 있다.
유토피아다.

가라오케
브라운관 속,
촌스러운
화면이지만
멀쩡했던
서울의 풍경.

강변북로의
차들과
아파트들.

춤추는
주민들의
그림자가
아파트에 기괴하게

드리워져 있다.

혜원 집
풍경을 비추는
화면.
현관문에
붙은 달력은
재난이 일어난
날짜에
멈춰있다.

언젠가 전철역에서 아이들의 그림 전시를 본 적이 있다.
주제는 '우리 집'. 우리 땐 네모난 집채에 세모난 지붕을
얹은 집을 그리는 게 대세였는데, 요즘 아이들 그림
속 '우리 집'은 직사각형으로 높이 솟은 아파트의 모습을
하고 있었다.
차가운 콘크리트 건물에 그토록 애틋한 정서를 갖다니
놀란 것도 잠시, 돌이켜보니 나도 어릴 때 살았던 복도식
아파트에 대한 추억을 소중하게 간직하고 있었다.
어쩐지 늘 조금은 서늘한 아파트 복도를 자전거로 질주하며,
나는 자라났다. 온 가족이 함께 살았던 그 아파트는
언제까지나 나의 일부이다.

아파트에 사는 것이 주류적인 것으로 표상되는
사회에서 아파트는 이미 단순한 거주 공간이 아니다.
평생을 바쳐 일궈내는 재산이자, 안팎을 구분하는
성벽이며, 신화고 신앙이다. "어디 사세요?"라는 질문은
이제 의미심장해졌다.
'모든 것이 무너진 세계, 단 하나 남은 아파트'라는 설정이
주어졌을 때, 우리는 아파트의 사회적 정치적 의미와
맥락을 다루는 데 그치지 않고 나아가 개인적이고 정서적인
의미를 담으려 애썼다. 한국 사회뿐 아니라 전 세계를
관통하는 파시즘(특히 민주주의라는 합리성 속에서의
파시즘)에 대한 고민도 있었는데, 이 모든 것들은 웃기면서도
슬프고, 우화적이면서도 현실적이어야만 했다.
그 외에도 아포칼립스적인 상상력을 바탕으로 지금 여기,
그리고 이미 이곳에 도래한 미래를 담아내려 무수한
날과 무수한 사람들이 노력했다. 우리는 무엇보다 즐거운
영화, 좋은 영화를 만들기 위해서 노력했다.

매일 축하 속에 사는 요즘이다. 매일을 거의 비슷하게
사는 나로서는 낯선 나날이지만, 매 순간 무척 감사하다.
이 작품을 쓰기 시작했던 때가 생각난다. 창천동에
있던, 책상 하나가 겨우 들어가는 정말 좁고 작은
작업실에서였는데, 나는 글을 쓰다가 피곤해지면 자주
그 책상 밑에 들어가서 자곤 했다. 그 작은 방에서 시작된
꿈을 이제 수많은 이들이 함께 꾼다. 빈 공백에 깜박이는
커서에서 시작해, 프로덕션이 이루어지고 이렇게
수많은 사람들을 만나기까지, 모든 순간이 기적이었다.
제목을 허락해 주신 박해천 선생님께 감사를 드리고 싶다.
나는 선생님의 저서 『콘크리트 유토피아』의 초기 편집
멤버였기도 했어서, 제목을 허락해 주신 것이 더욱 의미가
컸다. 이 좋은 영화에 이름을 올릴 수 있도록 해주신
엄태화 감독님과 이 작품을 만들기 위해 함께 노력한 모든
분들께도 감사드린다. 앞으로의 삶 속에서 우리는
<콘크리트 유토피아>라는 어깨동무로 늘 단단히 맺어져
있을 것이다. 마지막으로 <콘크리트 유토피아>를 아껴주신
모든 분들과 사랑하는 이들에게, 특히 하나뿐인 나의
동생 여일에게 사랑과 감사를 전한다.

이신지 작가

<즐거운 나의 집>이 되어야 할 아파트가
윤수일의 노래 <아파트> 가사처럼 "쓸쓸한 너의 아파트"가
되어버린 세상.

한순간에 멸망한다.
모든 가치가 모조리 엎어지고 뒤섞여서 (어쩌면) 평등해져
버린다. 하지만 이 세계관의 사람들은 이전의 가치를
붙들고 놓치지 않으려 한다.
어쩔 수 없다고 한다. 나와 내 가족 먹고살려면.
생존의 공포에 사로잡혀 다른 상상력이 제거된다.
극단적인 설정이지만 현실적인 세계관이기에, 실재하는
이기주의는 더 명확하게 튀어나온다.
그럼에도 누군가는 질문한다. 같이 살 방법을 찾아보자고.
당장 먹고사니즘이 중요한 세상에서 답을 찾기 힘든
답답한 질문일 수도 있지만, 그 질문 자체가 존재한다는 것
자체로서 소중한 가치가 되지 않을까.
영화 <콘크리트 유토피아>가 이러한 질문이 되기를.

엄태화 감독

Ⅲ　이 책에 수록된 각본은 편집 과정에서 수정되거나 삭제된
　　부분이 포함된 감독판 오리지널 버전이며, 최종 공개된
　　영화와는 내용과 순서 등이 상이할 수 있습니다.

☰　일부 한글 맞춤법에 어긋나는 표기도 최대한 원본을 따라
　　그대로 실었으며 문법에 맞지 않는 대사 또한 어감을 살리는
　　쪽으로 편집했습니다.

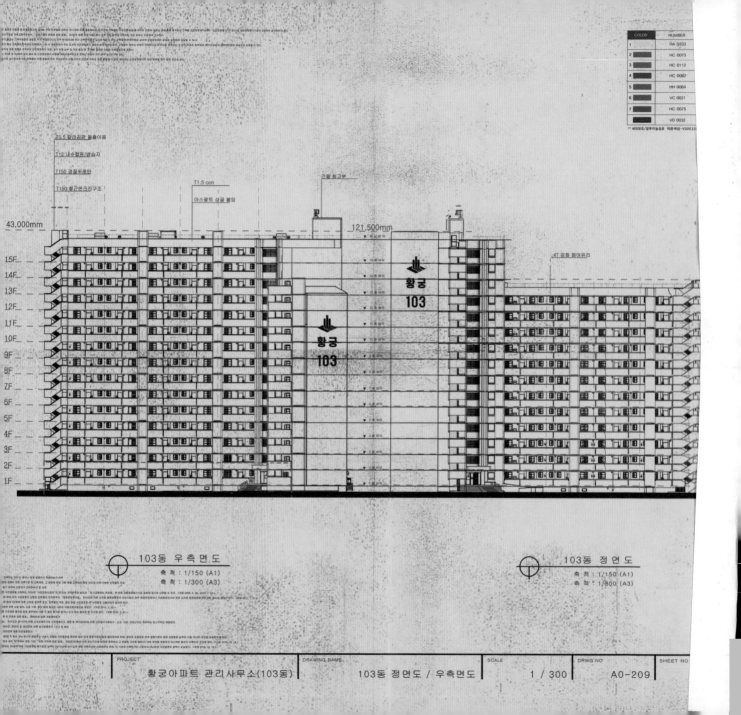

COLOR	NUMBER
1	RA 0333
2	HC 0073
3	HC 0112
4	HC 0062
5	HH 0064
6	VC 0021
7	HC 0075
	VD 0032

** 세대창호/알루미늄창호 적용색상 -VD0032

T0.5 칼라강판 돌출이음
T12 내수합판/방습지
T150 경질우레탄
T150 철근콘크리트구조

T1.5 con
아스팔트 싱글 붙임

건물 최고부

43,000mm

121,500mm

4T 강화 페어유리

15F
14F
13F
12F
11F
10F
9F
8F
7F
6F
5F
4F
3F
2F
1F

황궁
103

황궁
103

103동 우측면도
축척 : 1/150 (A1)
축척 : 1/300 (A3)

103동 정면도
축척 : 1/150 (A1)
축척 : 1/300 (A3)

PROJECT	DRAWING NAME	SCALE	DRWG NO	SHEET NO
황궁아파트 관리사무소(103동)	103동 정면도 / 우측면도	1 / 300	A0-209	

각본

Screenplay

1

아파트 몽타주

80년대풍 신나는 음악에 맞춰 서울과 아파트가 발전되어가는 모습을 담은
기록영상이 몽타주 된다. 그 위로 들리는 뉴스 소리들.

> 대한늬우스1　　　…군·민이 합심해서 헐벗은 이 강산을 하루속히
> 　　　　　　　　　건설하자고 연설…
>
> 대한늬우스2　　　…한쪽으로는 북한 괴뢰군과 맞서고
> 　　　　　　　　　다른 한쪽으로는 경제 개발에 힘써야 할 것…

강과 산이 보이던 텅 빈 지형에 도로와 다리가 놓이고, 아파트가 지어지고…
느닷없이 화면에 가득 차는 숫자 '10'.

> 뉴스1　　　한국인의 1인당 국민소득이 ○○○를 돌파했습니다.
> 뉴스2　　　한국의 경제성장 전망이 ○○○입니다. OECD 국가 중
> 　　　　　　최고치를 기록하고 있습니다.

경제성장과 동시에 서울과 신도시 중심으로 아파트가 주 주거시설로
자리 잡아 가는 과정의 뉴스들.
80, 90년대 여러 아파트들의 탄생 사이로, 채석장에 황궁아파트가 지어지는
모습도 섞여 있다.
신축 아파트에 입주한 주민들을 인터뷰하는 화면. 유토피아 같은 브랜드
아파트의 풍경들.

'9'… '8'…

건물과 그 건물이 부서지고 새롭게 지어지는 더 높은 아파트들. 높고 낮은
아파트들이 오르내리며 오늘의 서울의 모습이 되어간다. 끝없이 발전하는 서울
한가운데를 유유히 흐르는 한강…
화면을 잘라 들어가는 숫자들, 계속 내려간다.

'7'… '6'…

뉴스3	...정부의 부동산 대책에도 불구하고 서울 아파트 가격은 전주보다 0.09% 상승하며 20주 연속 상승세를 보이고 있습니다.
뉴스4	...서울 아파트 전세 시장이 심상치 않습니다. 민간 택지 분양가 상한제 시행을 앞두고 시세 차익을 기대하는 청약 대기수요가 전세 시장으로 몰리면서 50주 연속 전셋값이 상승...
뉴스5	...경제위기 극복을 위해 중앙은행과 정부가 푼 돈이 소비나 투자로 이어지지 못한 채 부동산과 주식 등 자산시장 가격 상승을 부추기고 있다는 우려가 높습니다...

#2
서울 | 오후

쨍하게 펼쳐진 현재의 한강 전경. 검은 강물이 꽁꽁 얼어붙어 있다. 강 표면에 굴러다니는 얼음 서리. 다리와 도로 위를 차들이 느리게 움직인다.

'5'...'4'...

뉴스6	다들 연말 준비 잘 하고 계신가요? 전 세계적으로 이상저온현상이 계속되는 가운데 우리나라의 날씨도 연일 최저기온 기록을 경신하고 있습니다. 오늘 서울 기온은 영하 26도...

그리고 이 도시, 이 시대의 진정한 유산인 양 유구한 모습으로 서 있는 빌딩과 아파트들.
각기 다른 이름, 다른 모양, 다른 높이로 솟아 있다.
한강변을 죽 두르고 있는 모양이 역사책 속 위대한 도시의 성벽 같고...

'3'... '2'...

뉴스7	...한국천문연구원은 오늘 밤 쌍둥이자리 유성우가 밤하늘을 수놓겠다고 합니다. 밤하늘을 가르는 별똥별을

보며 각자 소원을 빌어보시는 건 어떨까요?

'1'...

카운트다운이 끝난다. 하늘을 비추는 화면. '아무 일도 일어나지 않는 건가?'
싶은 순간,
쿠르르... 번쩍! 하고 섬광이 인다.
하늘에서 본 서울의 전경.
땅이 크렘브륄레 깨지듯 난리를 치며 모든 풍경들을 삽시간에 쏟어버리려는 순간,
암전.

#3
민성, 명화의 집 ▌ 602호 ▌ 아침

지극히 평범한 20평대 아파트의 모습을 조용히 비추는 화면.
거실, 주방, 베란다... 마치 아파트 광고를 보는 듯하다.
벽면에 붙어있는 민성 명화의 결혼사진. 그 옆 장식장엔 민성의 일반행정과
9급 공무원 합격증서와 합격 당시 명화를 들고 환하게 웃으며 찍은 사진이
놓여 있다.

안방을 비추면 자고 있는 한 부부의 모습.
일어나는 민성(32). 문득 옆에서 자고 있는 명화(30)를 본다.
민성, 핸드폰을 들여다봤다가 내려놓고는 비몽사몽간에 거실로 나온다.
창가로 다가온 민성, 어두워져 잘 보이지 않던 부상들이 드러난다.
정신이 확 들며, 표정이 굳는 민성.

#4
아파트 전경 ▌ 타이틀 ▌ 아침

베란다에 선 민성을 비추는 화면, 뒤로 빠지면... 도심 전체가 폭격을 맞은 듯
쑥대밭이 되어 있다.
시선 닿는 곳이 모두 처참하게 무너진 폐허 속, 유일하게 살아남은 황궁아파트.
그 위로 뜨는 제목.

콘크리트 유토피아

#5

6층 복도 · 중앙계단 ┃ 아침

602호 현관문. '철컥-' 하며 문이 열리고 민성이 나온다. 민성을 따르는 화면.
복도를 지나는 민성, 문득 난간 너머 아래쪽을 내려다본다.
중정 쪽 풍경. 다친 사람들을 로비로 옮기고 있는 사람들, 쓸 만한 물건을 찾아
잔해를 뒤지는 사람들, 서로 도와가며 차 위에 떨어진 잔해를 옮기는 사람들,
'축! 황궁아파트 재건축 정밀안전진단 통과!' 현수막을 아이에게 이불처럼
둘러주는 사람도 보인다.
로비엔 신원미상의 부상자들이 이미 옮겨져 있다. 개중엔 고통을 호소하며
가족을 찾는 사람도 있다.
엘리베이터에 여러 사람이 붙어서 닫힌 문을 억지로 열고 있다.
울고 있는 김포댁(여, 40대), 옆에 있는 동거녀(여, 20대).

       동거남   다시 한번! 자, 하나 둘 셋!

동거남(남, 20대)의 신호에 배송맨과 주민들이 양쪽으로 나뉘어 문을 연다.
문 열리자, 안에서 기어 나오는 아이들, 엄마를 끌어안고 울고불고 난리다.
환호하며 박수치는 사람들. 얼빠진 표정으로 그곳들을 지나는 민성.

#6

경비실 앞 ┃ 아침

경비실 주변에 여러 사람이 모여 있다. 밖에서 새로 들어오는 사람들도 보인다.
'안전관리계획과 자연재난 표준행동 매뉴얼'을 보고 있는 박소장(남, 50대),
경비원(남, 60대).
머리에 상처를 입은 박소장. 넋이 반쯤 나가 있는 경비원.
둘 다 상태가 좋지 않아 보인다.
모인 사람들 사이로 보이는 민성.

       경비원   (새로 들어오는 사람을 향해) 거기 밖에 문 닫아요.

정여사	소장님 여기는 괜찮은 거예요? 확인 못 해요?
박소장	아니 그걸 우리가 어떻게 압니까...
외부1	무너지면 어떡해.
경고남	(뒤에서 툭-) 여기가 그나마 나요. 밖에 얼어 죽은 사람 천지야.
외부3	그래, 얼어 죽느니 깔려 죽는 게 낫지.
고시생	무슨 비상 전기 이런 거 없어요?
의료대장	물이라도 일단 어떻게 나오게 해줘야지.
경비원	(지친) 아니 그게...
박소장	자자, 진정들 하시고 지금 최대한으로다가 하고 있으니까 조금만 더 기다려 주시면...

박소장과 경비원, 중구난방으로 쏟아지는 민원에 쩔쩔맨다. 그때 경비원,
민성을 발견하곤,

| 경비원 | 아! 저기! 공무원 선생...! |

민성 쪽으로 시선 쏠린다. 당황하는 민성.

#7
옥상 | 낮

난간 너머 저 멀리 폐허가 된 도심을 구경하는 사람들.
한편에는 민성과 경비원이 낑낑대며 돌을 옮기는 모습이 보인다.
뒷짐 지고 뒤를 따르는 박소장.
민성이 경비원이 낑낑대며 올려준 돌을 받아 안으로 던진다. '쿵-' 꽝꽝 언
얼음에 흠집만 살짝.
민성, 경비원과 박소장 쪽을 향해,

민성	(절레절레) 다 완전 얼었는데요.
박소장	에헤이 거봐. 내가 뭐랬어. 이거 안 쓴 지도 오래돼가지구... (사람들 쪽을 향해) 다 얼었어요, 다 얼었어!

"얼었대", "얼었다네" 웅성대는 사람들.
꽁꽁 언 물을 보는 민성.

#8
민성, 명화의 집 | 602호 | 낮

음식들을 꺼내 분류하고 있는 두 사람. 불 꺼진 냉장고 문이 열려 있다.
남은 음식을 종이에 적는 명화. 생수통을 들고 오는 민성.

민성	생수는 스물두 병.
명화	(적으며) 스물두 병...
민성	이 정도면 우리 얼마나 버틸라나...?
명화	아빠가 보내준 떡은... (냄새 맡는) 상하진 않은 거 같고...
	글쎄 한 일주일?
민성	하아... 너가 주말에 홈플 다녀오자 할 때 갔어야 됐는데...
	이게 진짜 뭔 일이야...
명화	(민성 손의 상처를 보며) 손 좀 봐봐. 또 만졌지.
	만지지 말라니까.
민성	안 만졌는데... 잘 때 만졌나...

말없이 민성의 상처를 살펴보던 명화.

명화	...아무래도 아빠한테 가봐야 할 거 같아.
민성	명화야. 너무 위험하다니까. 우선은 기다려 보자. 응?
명화	(걱정) ...우리 아빠... 어떡해.
민성	괜찮으실 거야. 곧 구조대도 올 거고.

눈물이 차오르는 명화를 안아서 다독여 주는 민성.

#9
민성, 명화의 집 | 602호 | 밤

쿵쿵쿵-!

현관문을 살짝 여는 민성.

<blockquote>
민성   ...누구시냐구요.

여자 _{소리} 저기... 잠깐만 문 좀...
</blockquote>

현관문 고리를 걸고 문을 열어보는 민성. 처음 보는 중년 여성이 서 있다.
먼지와 얼룩으로 더럽지만, 고가 패딩에 명품 숄까지 껴입은 모습이 원래 좀
살았던 느낌.

<blockquote>
주몽엄마 그... 저기... 애가 너무 추워서 그런데...
</blockquote>

보면, 대여섯 살 되어 보이는 남자아이 주몽(6)이 덜덜 떨고 있다.

<blockquote>
주몽엄마 정말 죄송하지만 애기만이라도 좀 재워줄 수 없을까요?

     부탁 좀 드릴게요.

민성   (곤란한) 네...?

주몽엄마 (좌우로 두리번거리며) 문 열어준 집도 이 집밖에 없어요.

     어떻게 좀... 네?

민성   (난감한) 아... 저희도 좀...
</blockquote>

민성, 문 닫으려는데 안 닫혀서 보면, 주몽엄마 발이 들어와 있다.
주몽엄마, 재빠르게 명품 숄을 벗어 민성의 손에 쥐여 주며,

<blockquote>
주몽엄마 이거, 이거. 엄청 비싼 거예요... 이거 받으시고

     애기만이라도... 네?
</blockquote>

민성, 명품 숄을 받고 난감해하는데...

<blockquote>
명화   (외투를 여미며) ...무슨 일이야?
</blockquote>

잠시 후

민성이 '이건 아닌데...' 하는 표정으로 작은방으로 이불을 가져다주고 있다.

명화가 캠핑용 전등의 핸들을 돌리자 위로 깜빡거리는 불빛.
전등을 넘겨주는 명화. 명화에게 연신 고맙다고 하는 주몽엄마.
"...아녜요. 다 돕고 사는 거죠." 하는 명화.
다시금 안정적으로 빛을 발하는 전등을 주몽엄마에게 넘겨준다.
명품 숄은 주몽이 걸치고 있다.
민성, 난감한 얼굴로 그 모습을 바라보다 한숨 쉰다.

#10
아파트 중정 ┃ 밤

어두워진 복도. 꾸물꾸물 보이는 사람들의 실루엣들.
아기 우는 소리 등 불길한 분위기.
저 너머 아파트 입구에 집을 잃은 사람들이 계속해서 단지로 들어오고 있다.

#11
로비 ┃ 아침

누군가 벽면에 붙여 놓은 달력에 사선으로 선을 긋는다. 일주일이 지나 있다.
그 외, 가족이나 필요한 물건을 구하는 벽보가 어지럽게 붙어 있다.
그 너머로 계단 내려오는 민성이 보인다.
로비에 새로 들어온 피난민들이 바글바글하다.
누군가 박스를 덮고 있던 천을 걷어내자, 생필품들이 들어있다.
옷을 잔뜩 껴입은 1004호다. 맞은편의 민성, 5만 원짜리 지폐를 남자에게
내밀고 있다.
말없이 어딘가를 가리키는 1004호. 손으로 쓴 표지판.
'현금 X, 라이터, 기름, 생수 받음'.

> 민성   너무한 거 아닙니까? 이웃끼리.
> 1004호   (피식) 다른 이웃도 많아요~

그때, 민성 옆에 슥 다가오는 한 주민. AA건전지 한 묶음을 내밀며,

> 206호   건전지 받아요?

끄덕이는 1004호, 깔고 앉은 아이스박스 안에서 황도캔을 꺼내준다.
민성, 황도캔에서 눈을 떼지 못한다. 이내 시계 풀며,

민성   시계도 받아요?

#12
계단 · 로비 ▎아침

황도캔을 옷 속에 숨기며, 계단을 오르는 민성.
바닥은 집 잃은 사람들이 차지하고 있다. 저마다 이런저런 물품들로
영역표시를 해 두었다. 마치 땅따먹기 하는 모양새. 바닥에 뭔가를 덮어놓은
신문지, 쓰레기. 모여서 예배 드리는 사람들 등등... 물건이나 사람들을
장애물 넘듯 피해 걷는 민성. 그때,

누군가 소리 나가!!

보면, 집주인으로 보이는 남자가 중학생쯤 되어 보이는 남학생의 뒷덜미를
잡고 끌어내고 있다.
구경하는 민성.

209호   이런 도둑놈의 새끼! 먹여주고 재워줬더니만 은혜도
                모르고! 어!?

남학생의 부모로 보이는 사람 뒤따르며, 싹싹 빈다.

부모   애가 그런 애가 아닌데. (부러 애를 때리며) 너 왜 그랬어!
              (재차 고개를 숙이며) 죄송합니다. 한 번만 봐주세요.

209호, 남학생을 구경꾼들 쪽으로 밀어 넘어뜨린다.
"엇!" 민성, 사람들에게 밀려 황도캔을 떨어트린다. 떼구르- 굴러가는 황도.

민성   어어...!

쌓아 둔 장독이며 쓰레기 틈으로 굴러 들어간다.
사람들을 헤치고 달려와 쓰레기 틈새로 손을 넣는 민성.
황도를 목격한 주변의 사람들이 모여든다.
민성, 황도를 겨우 잡아 꺼내는데... 갑자기 뭔가를 보고 소스라치며,

　　　　　민성　　　　　으악!!!

놀라는 주민들, 보면, 쓰레기 더미에 숨어있던 바퀴벌레 한 무더기가 와르르-
기어 나온다.
호들갑스럽게 흩어지는 사람들. 마치 춤을 추듯 다리를 들고 뛰어다니는
모습이 우스꽝스럽다.
그때 팍! 바퀴벌레를 밟는 주민들. 부동산(남, 50대 후반), 임부장(남, 50대 후반).
팍팍! 밟아 죽인다.

　　　　　부동산　　　　이 바퀴새끼들!
　　　　　임부장　　　　미국바퀴야, 독일바퀴야, 왜 이렇게 커!

그러자 다른 몇몇 주민들도 모여들어 같이 죽인다. 팍팍!!
벽을 타고 올라가는 녀석은 맨손으로 탁! 그간 분을 풀기라도 하듯, 팍팍팍!!
민성, 손을 타고 오른 바퀴벌레 한 마릴 발견,
"으익!!" 바퀴벌레를 쳐서 떨어뜨린 뒤 황도캔을 쥐고 다시 계단을 오른다.
복도 구석에 몰려 있는 외부인들, 움츠린 채 민성 쪽을 보는데, 눈치를 보는 것
같기도 하고, 황도캔을 보는 것 같기도 하다. 서둘러 발길을 재촉하는 민성.

#13
민성, 명화의 집 ▌602호 ▌낮

매직으로 생수통에 눈금을 그리고 있는 명화.
작은방에서 무전기를 든 주몽, 고개를 빼꼼 내밀고 명화에게 계속 말을 건다.
전등에 라디오 기능이 있는지 주파수를 돌려보는 주몽.

　　　　　명화　　　　　아아. 신호는 잡혔나 오바.
　　　　　주몽　　　　　없다. 찌지직 소리밖에 없다.

명화	(소근) 오바.
주몽	(따라 하는) 오바.
명화	무슨 말 들리면 누나한테 알려달라. 오바.
주몽	알았다. 오바.

주파수를 계속 돌려보는 주몽. 지지직- 소리.
아이와 놀아주는 명화를 보는 주몽엄마.

주몽엄마	애를 그렇게 좋아하면서 왜 애가 없어요?
	결혼한 지 삼 년 됐다면서.
명화	(표정 살짝 어두워지는) 아... (어색한 미소) 둘이 사는 것도
	나쁘진 않아서요.
주몽엄마	에이 그래도 애는 있어야지. 그럴 거면 왜 결혼했대.
	막상 낳아봐~ 다 살아져요~
명화	...

현관문 소리. 곧 민성이 들어온다.
수상하게 안방으로 향하는 민성, 눈짓으로 조용히 명화를 부른다.
'뭐지?' 하며 방으로 따라 들어가는 명화. 그 모습을 보는 주몽엄마와 주몽.

안방.
캔을 따는 민성의 손. 영롱한 황도가 조금씩 드러난다.

민성	짠-

침대에 앉은 명화에게 황도를 내미는 민성.

명화	어디서 이런 걸...
민성	쉿- (바깥 살피며) 빨리 먹어.
명화	같이 먹자. (아이를 부르려 하는)
민성	(막으며) 이번만 우리끼리 먹자.
	나 이거 겁나 어렵게 구했어.

바깥 눈치를 좀 보다가 하나를 꺼내 먹는 명화. 맛있다!

<table>
<tr><td>명화</td><td>쩝쩝... (하나 꺼내 민성 입으로 가져오며) 아.</td></tr>
<tr><td>민성</td><td>(받아먹는. 쩝쩝) 오는데 또 싸움 났더라. 외부인하고.
(걱정) 아, 사람들 점점... 좀 유도리 있게... 어? 평화
지향적으로 지낼 순 없나.</td></tr>
</table>

걱정하는 명화를 보던 민성. 명화 옆에 와 앉으며 자못 진지하게,

<table>
<tr><td>민성</td><td>걱정 마. 내가 무슨 일 있어도 지켜 줄 테니까.</td></tr>
<tr><td>명화</td><td>(풉-, 아이 칭찬하듯) 멋있네. 우리 남편.</td></tr>
</table>

씩 웃는 민성, 명화에게 느끼하게 다가간다. 허리를 바싹 끌어당기며 야릇한
분위기 내려는데...
뭔가 발견하고 놀라 화들짝 떨어지는 두 사람.
문을 열고 가만히 보고 있는 주몽모자.

<table>
<tr><td>민성</td><td>헉! 뭐, 뭐예요?</td></tr>
<tr><td>주몽엄마</td><td>떠... 떡.</td></tr>
<tr><td>민성</td><td>(괜히 찔려서는) 무슨, 무슨... 떡이요?</td></tr>
<tr><td>주몽엄마</td><td>아, (주방 쪽 가리키며) 저거 뎁힐까 해서요. 점심시간이라.</td></tr>
<tr><td>명화</td><td>(애써 침착한) 아~ 네. 네. 그럴까요?</td></tr>
</table>

명화 손에 들린 황도캔을 뚫어져라 보던 주몽, 엄마를 물끄러미 올려다본다.

<table>
<tr><td>주몽엄마</td><td>(아이와 눈을 맞추고 황도캔 보며) 어머. 뭐 드시고
계셨구나. 호호...</td></tr>
</table>

아이와 황도를 경계하듯 번갈아 보는 민성.

잠시 후

황도를 먹고 있는 주몽.

민성, 식탁 의자를 식탁에 넣는 척하며 괜히 아이 쪽을 흘겨본다. 아이 어깨에 손 올리는 주몽엄마.

주몽엄마　　잘 먹겠습니다~ 해야지.

국물을 흘려가며 먹는 아이의 꿀떡거리는 목청을 바라보는 민성. 치미는 짜증을 속으로 삼킨다.

#14
1층 복도 | 낮

아파트 현관을 통해 들어오고 있는 민성과 명화. 박스와 빈 화분 등을 들고 있다.

민성　　　　와... 어떻게 저렇게 뻔뻔할 수 있어. 얹혀사는 주제에.
　　　　　　아오...
명화　　　　우리가 치사했지. 먹는 거 가지고. 오빠도 예전에 세 들어
　　　　　　살 때 서러운 적 많았다며.
민성　　　　그때랑 지금이 같나. 지금 완전 비상 상황이야.
　　　　　　재워주는 것 만도 어딘데, 보면 완전 지네 집이잖아.

불평하는 민성을 픽- 귀엽다는 듯 보는 명화, 하지만 머리는 복잡하다.
순간, 쾅! 복도 현관문 하나가 열리며 피투성이의 남자가 튀어나온다.
이내 세게 닫히는 문.
놀란 민성과 명화가 그쪽을 본다.
복도에 사람들도 갑작스런 소란에 놀라 흩어진다.
쓰러지는 109호 남자 오씨를 오씨아내가 부축한다.
"뭐야, 뭐야..." 하며 놀라는 주민들.

오씨　　　　으윽... 저 씨발놈들이...

피투성이의 오씨, 고통스러워하면서도 굳게 닫힌 현관문을 원망스레 노려본다.
오씨아내가 울며,

| 오씨아내 | 여보, 여보!! 어떡해!! 누구 의사 없어요? 의사! |
| 양사장 | 아이구 저거 어뜩하냐. |

명화 나서려는데, 민성, 명화 손목을 잡으며, 나서지 말라는 듯 작게 입모양,
"왜?"

| 명화 | 여기 좀 있어. |

명화, 민성이 잡은 손을 부드럽게 떼놓고 다친 오씨에게 다가간다.

명화	일단 이분 좀 눕힐게요.
오씨아내	의사예요?
명화	간호사요. 자자... 상처 위로 향하게... 누구 깨끗한 수건이나 천 좀 갖다주세요.

침착하게 피를 지혈시키는 명화.
무슨 일이 났나 보러 온 박소장과 경비원.

박소장	이게 뭔 일이야. 괜찮어?
오씨	으으으... 씨발 안 괜찮어유. 어어어어...
경비원	아이고, 아이고. 이를 어째...!

그때 109호 안에서 비어져 나오는 검은 연기.

| 206호 | 불이야! 불! 어떡해! 불! 불! |
| 김포댁 | 소화기, 소화기! 빨리 소화기 가져와요!! 빨리! |

곧바로 오씨를 문에서 먼 쪽으로 끌어내는 민성과 사람들.
생각보다 꽤 크게 일어난 불. 복도 방향으로 난 유리창과 현관문이 콰앙!
터지며 깨진다.
연기가 아파트 위로 올라간다. 9층에서 고개를 내미는 누군가,
아래를 휙- 보더니 계단을 향해 뛴다.
복도를 향해 불이 와락 달려든다. 사람들 우- 물러서고, 모두가 우왕좌왕.

　　　　　누군가　　　비켜요!

사람들을 헤치고 뛰어오는 소화기를 든 남자, 영탁(50대 초반). 짧은 머리,
코와 입은 가린 상태.
문 앞에 도착한 영탁, 어딘가 어설프지만 용감하게 소화기를 분사한다.
잘 잡히지 않는 불길.
그러자 소화기를 들고 검은 연기 안으로 뛰어든다. 놀라는 사람들.
다들 뭘 어째야 할지 몰라 하는데,
이내 연기 속에서 뛰쳐나오는 영탁. 온통 검댕을 뒤집어썼다. "콜록콜록!"
'에라 모르겠다' 하고 소화기를 안으로 던지고는 이번엔 소화전의
호스를 뽑아낸다.

　　　　　박소장　　　그거 물탱크 다 얼어서 안 돼요!

무시하고 옆에 선 민성에게 호스를 내밀며,

　　　　　영탁　　　이거 잡고! 저쪽으로!
　　　　　민성　　　(엉겁결에 호스를 받아들고) 네?
　　　　　영탁　　　빨리요. 저쪽으로...!

민성, 호스를 불길 쪽으로 향한 채 엉거주춤 움직인다. 뒤를 힐금힐금.

　　　　　박소장　　　거참, 안된다니까!

무시하고 밸브를 돌리는 영탁, 물이 바로 나오지 않는다.
그러자 간절함을 담은 "흐어하으아으압!!" 이상한 기합 같은 소리를 낸다!

　　　　　김포댁　　　어어? 나온다!

민성, 뒤돌면 호스에 물이 차오르는 것이 보인다.
긴장한 채 서 있는 민성. 순간, 쏴아! 호스에서 뿜어져 나오는 물.
엄청난 수압에 뒤로 자빠지는 민성, 호스를 놓친다.
미친 듯 난리 치는 호스, 물이 이리저리 뿌려진다. "으아아!!" 하며 홀딱 젖는

주민들. 아수라장.
호스를 잡아보려 애쓰는 민성, 쉽지 않은데... 갑자기 멈추는 물살. 보면,
영탁이 호스 대가리 부분을 누르고 있다. 민성 쪽을 돌아보는 영탁.
영탁과 시선을 주고받는 민성, 결연한 표정이 된다.

호스를 잡고 불이 난 집 안으로 들어가는 영탁.
현관 바로 앞에서 민성이 호스를 당기고 있다. 보면, 뒤에서 호스를 들어서
밀어주는 주민들.
영탁을 필두로 호스로 연결된 주민들.
불길 속을 쳐다보는 민성, 불과 사투 중인 영탁의 뒷모습을 본다.

#15
아파트 현관 | 낮

현관, 복도, 계단 등에서 쉬고 있는 사람들. 다들 얼굴에 시커먼 그을음이 묻었다.
다 젖어서 추워서 덜덜 떠는 사람한테 수건 갖다주는 사람 등등.
계단에 앉아 담배 피우며 한숨 돌리는 영탁. 콜록콜록 기침이 난다.
저만치 명화와 있던 민성, 영탁에게 화상연고를 건네주는 민성.

민성	이거 좀 바르세요.
영탁	아유 감사합니다.
경비원 소리	여기 이분 이분...!

뒤를 보곤 일어나는 영탁. 박소장과 경비원 옆에 선 부녀회장 금애(50대 초반).

금애	어머, 이분이 그분. (영탁을 보며) 아이고... 새까매졌네.
	저 여기 부녀회장이에요.
영탁	아유, 네네. (바지에 손 닦으며 악수)
금애	클날뻔했어요. 어디서 그런 용기가 나셔가지구.
영탁	아파트 무너지면 안 되잖아요. 이거 하나 남았는데.
박소장	에이, 1층 탄다고 아파트 무너지고 그러지 않아요.
금애	물은 어떻게 하신 거예요, 다 얼었는데?
영탁	모르겠어요. 그냥 되던데.

| 박소장 | 뭐 이런 오래된 아파트에는 물탱크가 옥상이랑 지하, 두 개 있는 경우가 종종 있어요. 운이 좋았지. 비상전력도 좀 있었던 거 같고... (경비원을 보며) 아, 그러니까 내가 지하에 내려가 보자고 했잖아요. |

박소장을 빤히 쳐다보는 경비원.

금애	몇 호시더라?
박소장	(끼어드는) 9층. 맞죠? 아 왜, 엘리베이터서 몇 번 마주치고 그랬잖아.
영탁	...아, (알아본 듯) 아아, 허허 네. 902호요.
금애	아~ 거기. 할머니 한 분 계시고. 그 집 아드님이구나. 집 내놨다더니.
영탁	안 나가가지구...
경비원	운이 좋았네~
금애	운은 우리가 좋죠. 오늘 이분 아녔음 싹 다 타 죽을 뻔했어 그냥.

영탁, 두리번거리다 뭔가 발견. 민성과 명화.

| 영탁 | 에 뭐... 저보다 저기 젊은 친구랑 주민분들이 욕봤죠. |

시선이 쏠리자 겸연쩍은 듯 꾸벅 인사하는 민성.
민성, 검댕으로 새카맣게 변한 영탁의 얼굴을 본다.

| 박소장 소리 | 칼 맞은 사람이 집주인인데... |

#16

금애의 집 ▎1207호 ▎낮

박소장의 말을 듣고 있는 민성, 주민들.

| 박소장 | 밖에서 헤매다 집에 온 거야. 근데 웬 모르는 인간들이 |

046

들어와 앉았으니까 사달이 난 거지. (칼로 찌르는 시늉) 푹-
찍-! 불까지 내고 튀고. 아주 벌레 같은 인간들이야 아주.

박소장의 말에 절레절레 진저리 치는 주민들 몇.
삼십여 명의 사람들이 반상회 하듯 둘러앉기 시작한다.
단란해 보이는 금애의 가족사진이 여기저기 붙어있다. 대부분 아들 지혁과
찍은 사진들. 조화 등으로 꾸며진 과시적이고 화려한 내부 인테리어.
금애, "몇 호더라." 장부 보면서 체크하는 중이다. 손가락으로 인원수 체크도 하며.
베란다에서 귤박스 들고 들어오는 지혁(17). 금애, 손짓하며.

> 금애   한 개씩 나눠드려.

순간 정적. 사람들 모두 귤박스로 시선이 집중된다. 박스를 들고 사람들에게
귤을 나눠주는 지혁.

> 정여사   (귤을 받으며) 어머 이건 그냥 주는 거니?
> 지혁   (어색하게 웃으며) 하하. 네...
> 부동산   아유 이 귀한 걸, 잘 먹을게요~
> 개량한복 하나만 더 줘봐.

주변에서 "나도, 나도!" 하며 아우성이다. 당황하는 지혁, 금애를 쳐다보는데,

> 금애   거참 한 개씩. (베란다 보며) 거기, 안에서 담배 피지 마요.
>   나가서 펴.
> 양사장   (사람들 사이를 질러가며) 화장실 좀 씁시다.
> 금애   화장실 같은 소리 하고 있어. 물 안 내려가잖아요.
> 양사장   누가 쌌네 벌써.
> 금애   아 증말...!

시간 경과

조금 전과는 달리 심각해져 있는 분위기.
"이대로는 진짜 안 돼."(부동산), "이제 그만 받아야지. 계속 오잖아요,

계속."(김포댁), "구역을 딱 나눠서 관리를 하던가."(209호),
"각자 알아서 하는 거지, 뭘..."(정여사), "이런 재난 상황에 외부인 내부인
따질 때입니까?"(1004호) 등등...

양사장	그래도 이대로 둘 순 없잖아요 내보내든가 해야지.
209호	근데 여기 주민들만 모인 건 맞습니까? 아니, 이중에도 주민 아닌 사람 있을 수 있는 거 아닌가... 해서요.
1004호	(옆의 남자 보며 경계하듯) 몇 호 살아요?
도균	809호요. 사장님은 몇 호?
1004호	(날갯짓하며) 1004.
도균	...
박소장	거참 분위기 괜히 불편하게... (헛기침)

민성, 사람들, 서로 눈치를 살피는데... 금애, 주민대장 들어보이며,

금애	여기 계신 분들 신원은 나 김금애가 보증해요. 주민대장 보고 한 명 한 명 다 확인했으니까 걱정은 따운해두구.
왕씨	저요. 삼영빌라에서 20년 넘게 살다가 3주 전에 이사 온 사람인데요.
김포댁	(옆 사람에게) 삼영빌라가 어디야?
왕씨	아, 저... 요 밑에 육교 건너면 초원교회 있잖아요? 네, 거기... 뒤쪽에...

주민들, "잘 오셨어요."(김포댁), "천운이네. 천운이야."(임부장) 박수까지 치며
환영하는 주민들.

왕씨	네, 뭐... 감사합니다. (다시 진지) 저도 솔직히 싹 내보냈음 좋겠습니다. 자그마치 23년이에요, 이 아파트 들어오기까지. 내가 육교 하나 건너올라구 진짜... 개고생을 진짜...
1004호	(반박) 아니. 근데... 말이 내보낸단 거지. 죽으란 거 아녜요? 이 날씨에. 사람들... 거.
왕씨	거 무슨 말을 그렇게 합니까? 누군 좋아서 이래요?

왕씨의 옆구리를 찌르며 그만하라는 그의 아내.

왕씨아내	구조대가 올 때까지 만이라도 같이 지내면 어떨까요?
박소장	(궁시렁) 올 거면 벌써 왔지. 열흘이 다 돼가는데, 하늘에 헬기 한 대라도 봤어요? 참새만 찍찍대지.
양사장	(어이없는) 참새가 어딨어 지금.
209호	이 정도면 초토화죠. 어디까지 이 지경인지는 모르지만...
귤껍질남	저 제가 사촌 형님이 미국 쪽에 계시거든요...?

다들 주목한다.

귤껍질남	진짜 대치동에서 계속 1등하고 나중에 하버드 가고 아무튼 공부 엄청 잘한 분인데... 지난달에 잠깐 한국에 들어왔었거든요? 제사 땜에...? 그분이 미국 지질조사국이라고 유에스쥐 뭐... 그런데 계신데...
유학생	(끼어드는) USGS. United States Geological Survey. 그 Virginia에 있는.
귤껍질남	네. 거기요. 아무튼... 거기에 어떤 미친 연구원이 한 명 있었는데... '대륙이동설' 아시죠. 원래 지구에 땅이 다 하나로 붙어 있었다가 떨어졌다고. 근데 어느 날 그 연구원이 미친 연구 결과를 가져온 거예요!

'뭔 헛소린가' 싶은 표정의 사람들. 귤을 씹던 부녀회원 김포댁, 입을 연다.

김포댁	...뭔데요?

귤껍질남, 까먹은 귤껍질을 하나로 모아, 둥글게 하나의 새 귤처럼 만들며,

귤껍질남	찢어진 땅이 하나로 딱! 붙을 거라는...!
임부장	아니 그럼 지금 일본이랑 딱 붙은 거야!?
귤껍질남	대지진이 나서 (들고 있던 귤을 꽉! 쥐며) 인류 전멸...!

'인류 전멸' 얘기에 일순간, 조용-해지는 사람들.

김포댁	(분위기 깨는. 완전 어이 상실) 그게 뭐야~
206호	헛소리 좀 그만 합시다.
김포댁	하버드라잖아~
굴껍질남	장난 아닌데. 절체절명의 상황이라고요.
왕씨	그니까, 오늘 아침에 칼부림 난 거 못 봤어요? 물이며 음식이며 금방 떨어질 텐데, 그걸 다 어떻게 감당합니까?
1004호	너무 극단적이시다. 이럴 때일수록 침착하게 생각해야죠. 이성적으로다가...
왕씨	(갑자기 발끈) 댁은 이성적으로 뒈지시던가! 난 극단적으로 살아남을라니까!
1004호	뭐? 뒈지... 너 몇 살이야?
왕씨	나... 나? 아흔아홉이다 왜!
1004호	니가 무슨 아흔아홉이야!
왕씨	뭐하러 물어봐? 어차피 안 믿을 거.
금애	그만들 하세요.
1004호	(중얼) ...이 아파트도 끝이야 끝. 개나 소나 막 들어오고...
왕씨	(발끈) 뭐 개나 소? 너 몇 호야 이 개새끼야.
1004호	천사! 천사! 이 새끼야.

한심하다는 듯 "후..." 화를 삭이는 금애, '짝짝짝' 손뼉을 쳐서 주목시킨다.

금애	그만! 지방방송 끄시고! (논점을 되돌리는) 외부인들~!

사람들 보면, 의견을 내는 금애.

금애	솔직히 지금 들어와 있는 외부인 태반이 저기 드림팰리스 인간들인데 거기가 평소에 우릴 얼마나 무시했어. 지들 단지에 발도 못 들이게 하고. 학군 섞인다고 데모하고 아주 지랄을 하구, 막말로 입장 바뀌었음, 단지에 발도 못 붙이게 했겠죠, 그쵸?
명화	(끄덕이는 분위기 되자 조심스레) 그래도 다 같이 살 방법을 찾는 게 우선이지 않을까요... 입장 바꿔 생각하면...
박소장	(말 끊는) 다 같이 살긴 뭘 다 같이 살어?! 다 같이

	죽자는 거지 그게. 그럼 입장 바꿔서 우리가 다 칼 맞고 뒈져야겠어요?
금애	곳간에서 인심 난다고 가진 건 빤해, 나날이 사건사고에. 말이야 쉽지. 우리가 가만히 있는다고 저쪽도 그렇게 나오리란 법 있어요?
명화	그럴 수도 있지만, 아닐 수도 있으니까...
금애	(말 끊는) 그럴 수도 있고 아닐 수도 있으면, 아닐 수도 있고 그럴 수도 있는 거지. 무슨 되도 않는 말을 하시나.

명화를 쳐다보는 사람들의 눈빛에, 혹여 찍힐까 명화의 팔을 잡아당기는 민성.

박소장	그럼 부녀회장님은 내보내자는 쪽?
금애	생각을 해보자는 거죠.
1004호	아니 근데 막말로 내보내려다가 우리가 쫓겨나면 어떡해요. 막 미쳐가지고 뎀벼들면? 이거 리스크가 너무 크다니까~

난관에 빠진 듯 보이는 주민들.

금애	602호 남편분은 무슨 의견 없으세요? 공무원이잖아요. 이런 비상 상황에 매뉴얼 같은 거 없어요?
민성	네? 아... 음... 네. 그... 비상 상황인만큼 급한 건 일단 시스템을 구축하는 게 중요할 거 같아요. 조직을 구성해서 위기를 헤쳐 나갈 힘을 모아야죠.
금애	그니까 그걸 어떻게 모아?
민성	...
일동	...
민성	아! 이게 얘기가 막 중구난방으로 뻗쳐나가는 게, 결정할 사람이 없어서 그런 거 같거든요. 나라에 대통령이 필요하듯이 여기도 구심점이 될 만한 사람이 있어야.
양사장	그래 맞어 이럴 땐 대표가 있어야지. 주민 대표.

"아, 역시 공무원이네.", "젊은 친구가 똑똑해." 민성, 주위 주민들 반응에,

| 민성 | (겸연쩍은 미소) ...아닙니다. |
| 김포댁 | 근데 누가 해요? |

다들 동조하면서도 눈치 보며 선뜻 나서지 않는 분위기.

| 209호 | 여기 젤 오래 살고 아파트를 잘 아는, 연륜과 경험이 있는 분이 하시면 어떨까요? |

주민들, 자연스럽게 어딘가를 보면, 한 노부부가 엄청 느리게 귤을 까먹고 있다.

| 부동산 | 그냥 부녀회장님이 하셔~ |
| 금애 | (손사래 치며) 에이... 남자가 해야죠. |

그때 금애, 저만치에 있는 누군가를 발견한다. 그쪽이 화면에 보이진 않는다.

| 부동산 | 남자여자가 어딨어. 원래 극단적인 상황에선 여자가 더 강하대요. |
| 금애 | (무시) 그거보다 중요한 게 있죠. (다들 주목하면) ...바로 희생정신. 지금은 어디 가서 죽었는지 살았는지 모르지만... 이충렬 우리 전 대표님, 재개발 심사 때 기억나죠? (사람들 끄덕인다) 나죠? 쌍심지. 그저 아파트와 주민 위해서라면 눈에 쌍심지 탁 켜고 불구댕이라도 막 뛰어드는 그런 사람이라야...! |

사람들 시선, 금애가 쳐다보는 어딘가로 집중된다. 영탁이다.
사람들을 마주 보는 영탁, 분위기를 느끼고는,

| 영탁 | (귤을 입에 하나 넣으며) ...음? |

잠시 후

금애가 쓴 붓글씨 '일체유심조' 액자에 반사된 주민들, 찬성의 뜻으로 손을 들고 있다. 만장일치다.

금애	자 그럼 투표 결과 902호 김영탁씨가 임시 주민 대표를 맡아 주시기로 하셨습니다.
	땅땅.

일어나는 영탁. 금애의 유도하에 다들 박수 짝짝짝...

금애	(등 떠밀며) 한마디 하셔야지~
영탁	아이구 저... 허허... 이거 참... 무슨 말을... 어떻게....

사람들 다 영탁만 본다.

영탁	음... 저... (헛기침) 흠흠... 그, 그런 생각은 들더라고요. 저는 이 아파트가 선택받았다... 뭐 그런 느낌... 을 받았습니다. 네.
의료대장	(속닥) 뭐하던 사람이라고요?
김포댁	(어깨를 으쓱하며) 몰라.
영탁	잘 살아남아 봅시다. 화이팅...!

잠시 후

서명란에 옛스럽고 깔끔한 서체로 '김 영탁' 이라고 적힌다.
금애가 들고 있는 주민대장에 서명하는 영탁.

금애	(주민들을 향해) 다시 말씀드릴게요. '내보낸다'는 흰 돌, 반대는 검은 돌. 둘 중에 하나만 넣으셔야 돼요. 남은 건 바깥에 있는 데다가 넣으시고.

방 안 문 열린 장롱 안쪽으로 들어가는 영탁, 자못 진지해지는 표정.
유행 지난 어그부츠가 놓여있다. 그 안에 '또각-' 바둑알을 넣는데, 무슨 색인지 보이지는 않는다.
거실에서 투표 차례를 기다리는 주민들.
줄 서서 안방으로 들어가는 사람들 보인다.
사람들. 각각 싸인하고, 투표한다. 바깥 창틀에 어그부츠 남은 짝이 놓여있다.

방 안을 들여다보는 민성, 명화.
금애, 귤 하나를 영탁 주머니에 넣어준다. "아, 예예." 하며 받는 영탁.
자기 차례가 되자 다가가서 주민대장에 싸인하는 민성.
금애 옆에 공손히 선 영탁이 나눠주는 바둑돌을 하나씩 받는다.

> 금애   이름이 명화씨, 민성씨. 민성씨 맞죠?
> 민성   네.
> 금애   (영탁에게) 고급 인력들.

민성, 명화에게 의미심장한 미소 건네고 투표함으로 향한다.
두 개의 바둑알을 보며 고민하는 민성, '에라 모르겠다.' 하며 뭔가 넣는다.

잠시 후

빽빽하게 모인 사람들. 금애가 어그부츠를 뒤집자, 우르르 쏟아지는 바둑알.
결과를 보고 작게 놀라는 민성, 바로 명화를 본다. 굳은 표정의 명화.
사람들 반응. "오오...", "이야 압도적이네..."(양사장) 금애, 탁탁 터니까 하나
더 떨어진다.
떼구르- 굴러온 바둑알을 잡아 모여 있는 쪽으로 던지는 영탁.
무슨 생각인지 덤덤하다.
한눈에도 흰 돌이 많다. "흰색이 뭐였지?"(개량한복), "이그..."(정여사)

> 금애   (의기양양) 자~ 그럼 주민 과반수의 찬성으로, 외부인
>   방출이 결정되었습니다. 맞죠?

박소장, 박수친다. 멋쩍은 얼굴로 따라 박수치는 사람들.

> 금애   그럼 이제 어떻게 할까요? 대표님.

이내 다들 영탁을 보는데...
영탁, 중요한 말을 할 듯 잠시 뜸들이더니...

> 영탁   (싱겁게 웃는) 예... 뭐. 어떻게 해야죠 뭐. 허허...

어둠이 드리워진 아파트 전경.

#18

민성, 명화의 집 | 602호 | 밤

드르렁~ 주몽엄마의 코 고는 소리, 복도에서 싸우는 소리,
아이 우는 소리 등이 들린다.
침대맡, 향초 위에 화분을 덮어 난로를 만드는 명화. 누운 채 말하는 민성.

민성	그 아저씨 있잖아. 대표 돼서 좋아하는 거 같더라. (피식) 뭐 선택받았다는 둥... 그런 거 잖아. 약간 나이브한 스타일? 뭐 있으면 도움 될 거 같긴 해. 그치.
명화	(옷장에서 옷을 갈아입고 앉으며) 그건 어떻게 생각해? 사람들 다 내보낸다는 거.
민성	그거야 뭐... 어쩔 수 없긴 하잖아. 와, 나 진짜 살아서 칼부림을 보냐. 불도 꺼져서 망정이지. 딴 데 어디 갈 데도 없는데.
명화	그렇긴 한데... 당연히 버티지 않을까? 이 추위에...
민성	(대충) 어떻게 내보내겠지.
명화	그니까 어떻게. 그리고 내보내면. 그 사람들은 어디로 가.
민성	몰라. 그만 생각하고 자자.

그런 민성이 약간 낯선 명화.
민성, 그 공기를 읽고 일어나 앉으며,

민성	(설득하듯) 어디 또 갈 데가 있겠지. 여기도 안 무너졌잖아. 안 그래?
명화	(돌아앉으며) 오빠 투표 무슨 색 넣었어?
민성	(장난조) 에이, 아무리 부부 사이여도 그런 거는 공유하는 게 아니랬어.

명화   ... (한숨)

지지직- 무전기 소리.

주몽 소리   ...아줌마. 오바.
명화   무슨 일인가. 오바.
주몽 소리   똥 마렵다. 오바.
명화   알았다. 오바.

명화, 일어나 나간다.
침대에 앉아 벽에 기댄 민성. 문밖에서 "아줌마 아니고 누나라니까." 하는
명화 목소리 들린다.
아이를 살갑게 챙기는 명화의 목소리를 듣는 민성. 뭔가 복잡한 표정이 된다.
문득 자기 손바닥을 보는데, 가로로 길게 까진 상처와 피멍이 들어있다.

#19
재난 현장 | 과거 | 오후

무언가 들어 올리려고 하는 민성의 손. 부들부들 떨린다.
옆으로 쓰러진 트럭에 하반신이 깔린 한 여자, 고통에 비명을 지르고 있다.
사람들이 여러 명 붙어 "하나, 둘!" 하며 트럭을 들려고 하고 있다.
"이쪽으로! 이쪽으로! 붙으세요!" 구조남이 사람들에게 지시하고 있다.
뭔가 지나간 듯 난장판이 되어 있는 도로. 엄청난 바람과 함께 재 등이
날리고 있다.
멈춰있는 차들. 넘어가 있는 전봇대에 깔린 차도 보이고, 어디론가 전화를 거는
사람 등도 보인다.
차에 깔린 여자의 남자친구인 듯 울먹이는 남자, "좀만 참아 민정아 빼줄게!!"
트럭이 덜컹일 때마다 고통에 몸부림치는 여자.
문득, 민성 시선에 여자의 손이 보인다. 네일아트가 예쁘게 되어 있다.
차가 조금씩 들리는데... 어디선가 쿠구궁-!! 소리 들린다.
저만치에 어디론가 한 방향으로 뛰는 사람들이 보인다.
구조남, 뭔가를 발견하고 그대로 도망친다. 민정 남친도 공포에 질려 여자를
버리고 도망친다.

하나둘 도망가는 사람들을 발견한 민성, 그쪽을 보다가 고개를 돌려보면,
저 멀리, 믿기 힘든 풍경이 펼쳐져 있다.
지반이 나뉘어 솟구쳐 올라온 채 이쪽을 향해 다가오고 있다.
땅과 함께 솟아오른 장충체육관이 천장을 드러냈다가는 이내 푹 꺼지며
아래로 사라진다.
패닉 상태의 민성, 이리저리 난리를 치며 뛴다. 그러다 아무 차에나 탄다!
곧바로 안전벨트를 매고, 룸미러를 본다. 쾅쾅!! 땅이 뒤집히며 이쪽으로
다가오고 있다!
두두두... 하며 땅이 진동하자, 차가 옆으로 돌기 시작한다.
그리고 곧바로 민성의 시선에 뭔가가 들어오는데...
트럭이 있던 쪽 지반이 뒤틀리며 생긴 틈에 가까스로 빠져나온 여자가 바닥을
기어서 민성 쪽으로 오고 있다.
민성, 도와주려고 벨트를 다시 풀려는데, 바로 근처까지 온 지진.
다시 여자를 보는 민성. 죽음을 직면한 듯 텅 빈 눈으로 이쪽을 보는 여자.
소리는 들리지 않고 입모양만. "살려줘요."
민성, 눈을 꽉! 감아버린다. 그 위로 진동과 굉음은 점점 커지고...

곧이어, 쿠웅-! 하며 차가 붕 뜨는 느낌이 난다. 마치 바이킹의 절정 부분으로
올라간 느낌.
민성, 문득 눈을 떠보는데, 얼마나 높이 올라온 것인지...
저- 멀리 뒤집히고 있는 한강이 보인다.
곧바로 한강이 시야에서 사라지고, 콰광!! 곤두박질치기 시작하는 차.
에어백이 터진다.
다람쥐통마냥 도는 차. 한참을 구르다가 멈춘다.
프레임 외에는 형체를 알아볼 수 없게 된다.

서서히 차 안을 비추는 화면.
"헉...헉..." 숨을 고르고 있는 민성. 기적적으로 살았다!
깨진 창문을 통해 보이는 만신창이의 민성.
옅은 시야 사이로 들어오는 것은, 온통 무너지고 뒤틀린 잔해들,
여기저기 치솟은 불길들, 하늘에서 눈처럼 내리는 불씨들, 다 뒤집어진
아스팔트 바닥, 이리저리 처박힌 자동차들.
민성, 믿을 수 없는 광경에 말조차 나오지 않는다. 그 얼굴에서...

비슷한 앵글, 사이즈로 붙는 민성, 그 위로 금애 목소리 들리는 가운데...
영탁을 중심으로 앉은 사람들 열댓 명. 종이 한 장을 돌려보는 중이다.
'황궁아파트 자율방범대 구조도' 영탁의 글씨체로 인원 구조도 같은 것이
그려져 있다.

금애	어제 대표님이랑 밤새도록 짠 거예요. 새벽까지 집집마다 다 돌아보고. 136세대 생존자 전체 219명 중에 20대에서 60대 사이 남자가... 총 54명이었거든요? 그래서... 13, 14명씩 한 조로 총 4개조. 각 조 조장은 방금 말씀드린 분들이고요. 군필자 중심으로다가.
부동산	의견 있습니다. (다들 보면) 저 요 아래서 소망부동산 하던 사람인데요. 이게 아파트의 안전이라는 민감한 안건에 대한 부분이다 보니 (민성을 보며) 조장은 아무래도 자가인 사람들이 해야 하지 않을까요.

다들 뭔 말인가 싶은데.

부동산	아니, 아무래도 마음가짐이~
민성	(발끈) 왜 저를 보세요. 대출 많이 받아서 그렇지 우리 집이에요. 잘 모르면서 그러시면 안 되죠.
부동산	아니 뭐 확인차...
영탁	은행도 다 뿌셔졌는데, 대출이 뭐라고요. (민성에게) 그 서류, 집문서 있죠. 집문서.
민성	그럼요.
금애	맞아요. 바깥 훼까닥 뒤집히고 이제 건물이라곤 아파트 이거 하나 남았어요. 솔직히 살인범이나 목사나 다 똑같애 인제. 위고 아래고 다 평등해진 거라고. 안 그래요?

잠시 멍하니 생각에 빠진 듯 보이는 영탁. 문득 그런 영탁을 보는 민성.

금애	암튼 조장님들은 조원들 명단을 받으시면 따로 한번
	모아서 상황을 전달해 주시고요. (영탁에게) 동틀 때쯤
	모이시면 되겠죠? 대표님?
영탁	(정신 차리는) 아? 예예. 그러면 될 거 같습니다.
금애	뭐 무기라도 들고 와야 하는 거 아닌가?
영탁	네 뭐... 자기 몸 지킬만한 준비는 해두시는 게...
양사장	뭐 몽둥이 같은 거라도 들고나오란 얘기예요?

'몽둥이'란 말에 술렁대는 주민들. 민성도 당황하는데.

금애	당연한 거 아녜요? 그 사람들이 호락호락 나가겠어?
영탁	아유 꼭 누굴 죽이자 살리자 그런 게 아니고, 만일의 경우에
	대비하자는...
도균	(말 끊으며 손드는) 죄송한데요, 저는 몸이 좀 안 좋아서.
박소장	에이 그런 게 어딨어요~ 그렇게 하나둘씩 빠지면
	다 빠지지.
도균	(빠지겠다는 의지) 제가 몸이 지인짜 좀 안 좋아가지고요...
박소장	뭐가 얼마나 안 좋길래 쏙 빠질라 그래. (오씨 가리키며)
	칼 맞고 온 사람도 있는데...!

스윽 칼 맞은 자국을 보여주는 오씨.
도균, 일어나 사람들 가운데를 성큼성큼 걸어간다. 그런 그를 가만히 보는 사람들.

도균	(영탁을 향해) 군필자들만 골랐다면서요.
	저 7급 면제라서요. 사구체신염 땜에.
영탁	아 네... 그러시구나.
도균	네. 다른 사람 시키시는 게 좋을 거 같네요.

나가는 도균. 그런 도균에게 "사람이 참 이기적이네." 구시렁거리는
박소장, 사람들.
외중에 "사구체신염이 뭐예요?" 민성에게 물어보는 주민, 고개를 갸우뚱한다.
영탁, 순간적으로 자신을 보던 민성과 눈이 마주친다.

골똘히 생각에 빠진 민성.

인서트

복도에 선 민성과 영탁.

영탁　　민성씨가 방범대 반장을 좀... 맡아주시겠어요.

민성　　...네? 아니 저는...

영탁　　제가 뭐 이런 거 해본 적이 있어야죠. 민성씨 젊은 사람이고
　　　　군대 나온 지도 얼마 안 됐고... 또 의경 출신이라면서요.
　　　　민성씨 같은 분이 도와주셔야 될 거 같아요. 부탁합니다.

손을 내미는 영탁. 가만히 그 손을 보는 민성.

화면 안으로 들어오는 민성의 손. 손바닥의 상처가 아직 있다.
민성의 손을 따르는 화면. 계속 따라가면... 뽑아둔 행거대를 집는다.

주방 쪽 식탁에 앉아 있는 명화와 주몽.
주몽이 명화의 손바닥에 자신의 손바닥을 포개어 아기상어 사인펜으로
따라 그리고 있다.
명화, 시선 옮기면... 문틈으로 보이는 민성.
행거대를 무기처럼 몇 번 휘둘러보더니, 이내 다리미를 들어 찍는 시늉을 한다.
그 모습을 가만히 보는 명화. 주몽이 명화를 톡톡 치고, 자신의 손바닥을 보는 명화.
명화의 손바닥에 아이의 손바닥이 그려져 있다. 씨익- 웃는 주몽.
명화도 주몽을 향해 빙긋 웃는다.
하지만 민성이 계속 신경 쓰이는 명화.

화면, 천천히 흐르듯 어두컴컴한 어떤 집을 비춘다.
80년대 후반에 시간이 멈춰있는 분위기.
누군가, 벽의 곰팡이며, 액자 자국을 걸레로 열심히 닦고 있다. 영탁이다.

잠시 후

살뜰하게 노모의 대변 뒤처리를 하는 영탁.

영탁   아유, 딸기 냄새~ 좀만 참아요~

영탁모, "사무이..." 하며 일본어를 뭐라 중얼거린다. 부들부들 떨리는 몸.
이내 똥을 담은 봉투를 들고 나가려던 영탁,
주위를 두리번거리며 뭘 찾는 거처럼 보이다가 이내 뭔가를 발견하곤,

영탁   어머니 이거 안 쓰는 거죠? 잠깐 나갔다 올게요.

한쪽에 세워져 있던 지팡이를 들고 나간다.
비장하면서도 은근슬쩍 흥겨운 음악 흐르기 시작한다.

새벽어둠 속. 행거대를 들고나온 민성, 뭔가를 고민하듯 서 있는데,
뒤에서 오는 영탁. 영탁을 발견한 민성.

민성   대표님.
영탁   아 예, 민성씨.

잠시 말이 없는 두 사람.

영탁   ...가, 가실까요?

똥 봉투를 쓰레기 더미 쪽으로 던지는 영탁. 걸어가는 두 사람의 뒷모습.
그 너머 저만치에 모여 있는 남자들이 보인다. 그 위로 들리는 확성기 목소리.

금애   (치이익-) 관리사무소에서 알려드립니다.

#24
아파트 중정 · 뒷마당 · 금애의 집 · 민성, 명화의 집 ▌아침

- 중정 쪽으로 뒷걸음질로 걸으며 아파트를 향해 확성기로 말하는 금애.

금애   아...아... 지금부터 주민이 아닌 외부에서 오신 분들은
                모~두 아파트 중정으로 모여주시기 바랍니다.

- 금애의 집, 과거.
락앤락 통 안의 사라다 메추리알을 찍는 포크. 사람들이 다 빠져나가고
영탁과 금애 둘만 남아있다.
메추리알을 영탁에게 주는 금애. 주민대장을 보다가 받아서 먹는 영탁. 어딘가
끈적한 분위기.

금애   근데... 모이라고 하면 모일까요?

메추리알을 먹으며 고민하는 영탁. 이내 뭔가 떠올랐다는 듯 금애를
힐끔 쳐다본다.

- 아파트 복도 사람들 뒤통수 너머로 보이는 금애.

금애   다시 한번 말씀드립니다. 외부에서 오신 분들은 빈집
                분배와 관련한 안건을 논의코자 하오니~ 아파트 내 상주
                인원의 협조를 부탁드립니다.

- 뒷마당.

민성을 비롯해 무기를 든 남자들이 오십여 명. 마대나 야구방망이 등
주로 긴 막대기다. 솟아오른 막대기들 사이로 입김이 피어오른다. 무기를 든 게
어색해 쭈뼛거리는 주민들. 조용히 어기적대지만, 공기에서 긴장이 느껴진다.
빈집에서 떼온 듯 보이는 문짝들과 방범창 등이 쌓여있다.

뻘쭘한 민성, 모여 있는 남자들에게 더듬더듬 작전 지시를 시작한다.

　　　　민성　　　　음... (헛기침) 일단 공격조와 수비조로 나눠봤고요...

– 민성, 명화의 집.
명화, 주몽에게 목도리랑 겉옷을 몇 개 챙겨준다.

　　　　주몽　　　　(꾸벅 인사) 고맙습니다.

주몽이 손바닥을 들어 보이자, 갸우뚱거리더니 이내 알았다는 듯 손바닥을
드는 명화.
주몽이 명화의 손바닥에 가볍게 하이파이브를 한다.
그러다 손을 꼭 잡아주는데...
‘뭐지?’ 싶은 눈빛으로 둘을 쳐다보는 주몽엄마.

　　　　주몽엄마　　(주몽에게) 빨리 가자. 좋은 집 다 나가겠다.

– 민성, 줄 서 있는 방범대원 중 한 명에게.

　　　　민성　　　　701호 이근호씨. 민방위 담당이시죠?
　　　　민방위　　　...?

– 복도.
복도로 나오는 주몽이네. 복도 난간 너머로 중정 쪽을 비추면 모이고 있는
외부인들이 보인다.

– 뒷마당.
민방위의 선창에 따라 어색하게 구호를 따라 하는 방범대원들.

민방위	하나. 우리는 굳게 뭉쳐 내 마을 내 직장을 지키는 방패가 된다.
일동	방패가 된다~
민방위	하나. 우리는 어떠한 재난도 스스로 이겨내는 향토의 역군이 된다.
일동	역군이 된다~

처음엔 건성이었던 외침이 점차 힘을 갖는다.
구호를 하는 영탁과 민성, 용기가 생긴 듯 보인다.

#25
아파트 중정 ▎낮

백여 명쯤 되는 외부인들이 중정에 모여 있다. 단순 외부인뿐 아니라, 경비원, 정수기 아주머니, 보일러 검침원, 배송맨, 환경미화원 등도 보인다.
복도 로비에서 걸어 나오는 영탁. 뒤를 따르는 방범대원들. 영탁과 방범대가 로비를 지나 계단으로 내려가자 준비한 듯 몇몇이 문짝과 선반 등으로 방패를 만들어 로비 입구를 막고 선다.
손에 들린 무기들을 본 외부인들이 당황하며 웅성댄다.
모여 있는 외부인들을 둘러싸는 또 다른 방범대. 포위하는 모양새다.
아파트 복도에서 아래를 내려다보는 주민들 몇.
영탁, 확성기를 들고, "아아" 하며 이목을 집중시킨다.

> 영탁 (긴장한 듯) 공사가 다망하신 중에 모여주신 여러분 감사합니다. 지금부터...

확성기가 작동이 안 되는 듯. 저만치에서 "안 들려요~!" 소리 들린다.
영탁, 확성기를 만지자 이상 요란한 소리가 난다. 잘 되지 않자, 금애에게 넘기고 현관 계단 위로 올라선다. 숨을 한번 크게 들이마시고 목소리를 크게 내려는 순간. "대표님 여기요 여기." 하며 금애가 확성기를 다시 준다.
다시 말하는 영탁.

> 영탁 아아... 공사가 다망하신 중에 모여주신 여러분 감사합니다.

음... 지금부터 여러분들께 한 가지 죄송스런 말씀을 드려야 할 것 같습니다.

무슨 말을 하는 건가 싶은 외부인들.
방범대원들, 긴장된 얼굴로 상황을 지켜본다. 민성도 몽둥이를 쥔 손에 긴장이 든다.

영탁   이 황궁아파트의 주민이 아닌 분들은 단지 밖으로 나가주시면 감사하겠습니다.

말이 끝남과 동시에 현장 공기가 얼어붙는다. 정적이 흐르고...
그때 민성, 뭔가를 보고 표정이 굳는다.
자기 집에 머물던 주몽이 민성을 보고 해맑게 손을 흔들고 있다.
시선을 피하는 민성. 술렁대기 시작하는 외부인들.

영탁   다시 한번 말씀드립니다. 오늘부로 주민이 아닌 외부인들은 아파트에 머물 수 없습니다. 신속한 이주를 부탁드리겠습니다.

아기를 안은 외부인 하나가 소심하게 나서는데,

외부1   그게 무슨 얘기세요... 빈집 나눈다고...
외부2   (버럭) 아니, 빈집이 니네 꺼야? 집주인들이 니들한테 양도했어? 어디서 주인행세야!
외부3   당신네가 뭔데 나가라 마라예요! 에!?
외부4   이 추위에 지금 우리 다 죽으라는 거예요?!

은근슬쩍 안으로 들어가려는 경비원. 막아서는 방범대원.

경비원   나! 여기서 일한 지 이십 년이야...! 박소장님! 부녀회장님! 얘기 좀 해줘요!

모른 척하는 박소장, 금애.

그때, 다 해진 정장을 입은 중년 남자가 나선다.

        정장남   이 싸람이... (옆의 추리닝 입은 중년남 가리키며)
                        이분 누군지 몰라요? 이 지역구 유두현 의원님입니다. 예?!
                        정신들 차리세요!!
        의원   여러분! 침착하셔야 합니다. 지금 우리가 힘든 시기를
                        보내고 있는 것은 사실입니다만...

주민들, "누군데?", "비례 아녀?", "나도 잘 몰라" 등 숙덕인다.
의원이 주민들을 선동하려는 모습에, 영탁, 계단을 내려간다.

        의원   다 같이, 조금만 더 힘을 모아서...!
        영탁   의원님, 이주를 좀 부탁드리겠습니다.
        정장남   (영탁 옷을 잡아 끌어내며) 당신 뭐야! 뭔데 나가라 마라야.

막상 옷이 잡혀 끌려오자, 영탁도 약간 흥분한다.

        영탁   저요? 저 여기 아파트 주민대푭니다.
        정장남   뭐 어쩌라구 씨발!

영탁을 바닥에 내팽개치는 정장남, 사람들을 향해 소리친다.

        정장남   그냥 들어갑시다! 여러분!

외부인 몇몇이 무리에서 나오기 시작한다.
영탁이 넘어진 것을 본 방범대원들도 욱해서 외부인들을 밀어낸다.
이에 눈이 도는 외부인들, 맞서 욕한다. 일촉즉발의 상황. 긴장하는 민성과
로비 방패부대들.

        외부3   이 개새끼들!! 들어갑시다!!

외부인들, 우르르 방범대들에게 달려든다. 계단을 무섭게 뛰어 올라가는
외부인. 갑작스런 외부인들의 공격에 당황하는 민성과 계단 방범대들.

순식간에 계단을 뚫고 방패부대로 달려드는 외부인들. 쾅!! 부딪힌다. 마치
시위대와 전경이 맞붙은 상황.
방범대, "우어어!" 외부인들을 밀어내거나 넘어뜨린다. 포기하지 않고 계속
밀고 들어오는 외부인들. 비집고 들어가는 외부인 하나. 갑자기 안쪽에서
튀어나오는 막대기에 얼굴을 맞고 "악!" 피를 흘리며 쓰러진다. 몸을 낮춰 다리
사이를 비집고 들어오던 외부인, 바리케이드 안쪽의 주민들에게 마구 밟힌다.
계단의 방범대들이 외부인들을 뒤에서 끌어내리고 로비 위쪽에서 문짝으로
밀쳐내자 계단으로 굴러떨어지는 외부인. 뒤엉키기 시작하는 계단과 로비 싸움.
외부3이 민성의 멱살을 틀어쥔다.

외부3   (울먹거리며) 진짜 왜들 이러세요! 이 씨발놈들아...!
민성   (켁켁) 이거... 놔...

저지선을 뚫어보려는 외부인과 막으려는 주민들. 멀찍이서 이 사태를 지켜보며
발만 동동 구르는 외부인들도 있다. 중정에 외부인을 포위하던 방범대원들이
몽둥이를 들고 외부인 여성들과 노인들, 아이들을 위협하며 출구 쪽으로
몰아붙인다.
뒤로 가려는 사람과 앞으로 오려는 사람들이 서로 걸려서 넘어지고... 아비규환.
이때 중정 무리에서 빠져나와 화단을 통해 복도 난간을 잡고 바로 안으로
들어가려 하는 외부인들.

외부4   (바깥쪽에서) 이쪽!!

난간을 잡고 매달리는 외부4, 난간 너머 복도에 겁에 질린 정여사가
자신을 보고 있는 걸 발견한다. 정여사, 갑자기 절굿공이를 들어 외부4의
손을 내리친다. "아악!" 하며 떨어지는 외부4.
복도에 나와 있던 김포댁, 의료대장, 난간에 매달린 외부인들의 손을 두더지
게임하듯 내리친다.
"악! 내 손! 손!" 고통스러워하며 바닥으로 떨어지는 외부인들.

어느 1층 집 안. 복도 창에 붙인 뽁뽁이 틈으로 밖을 보고 있는데,
외부5가 달려와 쾅! 난간을 잡는다. "열어주세요." 창문을 마구 두드리는
외부5. 안쪽에 있던 주민, 뒤로 물러서고. 어느새 뒤쫓아온 방범대원들,

뒤에서 외부5를 끌어내린다.
중정에서 내몰리는 외부인들 사이에서, 방범대원들을 붙잡고,
애들만이라도 받아달라고 애원하는 외부인. 제대로 싸워본 적 없는
보통 사람들끼리의 개싸움...

그때, "우오오-" 하며 문 스크럼이 뒤로 밀린다. 로비의 창문이 깨지며 방범대가
뒤로 넘어가자 문 위를 타고 넘는 외부인. 문 아래에 깔려 괴로워하는
사람들. 밀려 넘어지다 창틀 잔해에 허벅지를 찔린 박소장, 피가 나는 허벅지를
부여잡고 나뒹군다.

　　　　박소장　　　으억!

로비 계단 아래에 필사적으로 외부인 3명과 싸우는 영탁.
이리저리 뒹굴며 온몸에 먼지투성이다.
현관 계단 쪽, "안돼!" 하며 외부인들의 다리를 잡고 놓아주지 않는 민성.
민성에게 다리를 잡힌 배송맨, 발로 민성을 걷어차 떼어내려 한다.

　　　　배송맨　　　이거 놔 이 새끼야!

필사적으로 붙드는 민성.
그때 배송맨 시야에 크고 뾰족한 돌이 들어온다. 민성도 발견하는 찰나,
발버둥 치는 배송맨. "악!" 발에 얼굴을 맞고 뒤로 자빠지는 민성.
빠져나온 배송맨이 그 돌을 집어 들고 민성을 내리치려 하는데, 배송맨의 팔을
겨우 잡는 민성.

　　　　배송맨　　　아, 아. 놔. 놔. 손 놔.
　　　　민성　　　　돌 놔요. 돌. 돌 내려놔!

돌로 민성의 얼굴을 짓이기려 하는 배송맨.
"으으으..." 하며 버티는 민성, 점점 팔에 힘이 빠져나가는데...
배송맨을 떼어내는 누군가. 보면, 영탁이다! 배송맨을 계단 아래로 던져버리는
영탁. 굴러떨어지는 배송맨. 민성의 손을 잡고 일으키는 영탁.

아파트 밖으로 내몰린 힘없는 외부인과 여기저기 다친 외부인들. 그 앞을
막고 있는 주민들. 주민들 사이로 보이는 아파트 중정 상황. 분위기가 주민들의
우세로 잡혀간다.
로비 쪽의 영탁, 외부6을 끌고 나와 계단 아래로 밀어낸다.
영탁 뒤로, 마치 지원군처럼 새로 싸움에 합세한 주민들!
거의 승기를 잡았나 싶은데... 순간, 퍽! 하고 누군가 영탁의 머리를
마대로 가격한다.

        민성   어어!

"억!" 하며 앞으로 고꾸라지는 영탁, 휙 돌아보면, 배송맨. 주춤주춤...
일어나서 배송맨 앞으로 성큼성큼 걸어가는 영탁.
마치 장수 둘이 일대일 대결하듯 주목하는 분위기가 된다.
'퍽!' 다시 한번 더 내리치는 배송맨. 영탁, 팔로 막긴 막았는데, 생각보다
아픈지 맞은 곳을 잡는다.
바로 한 대 더 갈기는 배송맨. 이번엔 일부러 맞았나 싶을 정도로 퍽! 맞는 영탁.
그대로 버틴다.
배송맨, 다시 내려치려는데, 이번엔 '턱' 마대를 잡는 영탁.
순간, 주르르륵-! 영탁 얼굴로 쏟아지는 피! 그대로 배송맨을 노려보는 영탁의
광기 어린 눈빛...!
배송맨, 그런 영탁을 보다 뒤돌아 도망친다.
영탁, 머리에서 흐르는 피를 슥 닦아내고는 위협적인 말투로,

        영탁   다 나가!!!!

엄청난 고함소리.
이어 복도에서 밖으로 던져지는 외부인들의 물품들. "나가라!", "꺼져라!" 고함들.
민성을 비롯해, 다들 위를 보면, 아파트 안쪽에서 들리는 소리들.
위층에서 뭔가 날아와 '퍼퍽!', '쨍그랑!' 땅에 떨어진다. 짐가방들과 집기류들이다.
지치고 다친 민성도 그 광경을 보고... 외부인들은 아주 질려버린 표정이다.

복도에 서서 차마 밖을 내다보지 못하던 명화, 바깥으로 짐을 던지는
주민들을 본다.

사기가 충전됐는지 힘을 내는 방범대들, 더더욱 외부인들을 힘껏 몰아내기 시작한다.
외부인들의 시점. 영탁과 방범대원들의 단호한 표정이 보인다.
웅성거리며 천천히 아파트 밖으로 이동하는 외부인. 어디선가 소리치는 외부인.

　　　　외부3 소리　　꼭 살아서... 다시 보자!!

간간이 반발하는 외부인, 주변 사람들이 만류하거나 방범대가 몰려가서 정리한다.
나가는 외부인들을 바라보는 영탁. 민성.

#26
아파트 중정 ┃ 해질녘

사람들 사이를 걸어 나오는 영탁, 머리에 댄 천에 피가 스며들어 있다.
영탁에게 고생했다고 말하는 주민들, 다들 신임이 가득한 눈빛들.
주민들 하나하나와 인사를 하는 영탁.

　　　　영탁　　　　수고하셨습니다. 예예... 이겼네요. 허허...

사기가 오른 분위기의 아파트. 그때 어디선가.

　　　　주민　　　　대표님 잘생겼다!
　　　　영탁　　　　에이 그런 거 하지 마세요. 허허...
　　　　주민　　　　김영탁! 김영탁!

"김영탁! 김영탁!" 하는 주민들.

　　　　영탁　　　　거 참... 아파트 만셉니다~
　　　　박소장　　　아파트 만세!!

박소장, 영탁의 선창을 받아 목청껏 만세를 외친다. 이내 다 같이 "만세!"
하는 주민들.
긴장 끝, 승리를 만끽하듯 무기를 들어 보이며 외친다.

주민들   아파트 만세! 아파트 만세!

환호하는 주민들을 바라보는 영탁, 점점 기분이 고양된다. 자기도 모르게,

영탁   아파트는 주민의 것!!
주민들   아파트는 주민의 것!!

민성, 멋쩍게 "주민의 것...!" 한다.
영탁, 그런 민성을 발견, 반갑게 다가온다.

영탁   방범대장님 목소리가 그게 뭡니까.
민성   에?

웃으며 확성기를 대주는 영탁.

영탁   아파트는!
민성   주.... 주민의 것!!!!

영탁, 민성의 손을 잡고 크게 들어올린다. "주민의 것!!"
묘한 흥분이 일어나는 민성. 점점 빠져들어 스스로 크게 외치기 시작한다.
복도 쪽에서 민성을 보던 명화, 안으로 들어간다. 그제야 명화를 찾는 민성,
보이지 않는다.
영탁이 옆에서 종용하자 "주민의 것...!" 한 번 더 하는 민성.

#27

아파트 전경 ▌해질녘

아파트 창문에 반사되는 시뻘건 태양빛. 자체적으로 발광하는 듯 보인다.
이내 점점 사그라진다.

28

금애의 집 ┃ 1207호 ┃ 낮

금애, 싱크대 앞에 서서 사라다를 섞으며 누군가와 인터뷰하듯.

금애 　제가 사주에 금이 많아서 채소를 많이 먹어야 되거든요.
　　　　(사이) ...김대표님이요?

인서트

주민들과 함께 무거운 것을 들어 치우는 영탁의 뒷모습. 스쿼트하듯 일어나자
엉덩이 근육이 꿈틀꿈틀... 누군가 불러서 돌아보는 영탁, 건치 미소!

금애 　뭐든지... (마요네즈 푹 짜며) 열심히 하는 사람이더라고.

텁텁텁. 소리를 내며 섞이는 사라다.

아파트 정비 몽타주 ┃ 낮

– 확성기를 들고 어딘가로 걷고 있는 금애. 풀 메이크업. 말하면서도 사람들과
인사 주고받는다. 안내문을 쓰는 개량한복과 옆에서 수칙을 불러주는 박소장.

금애 　아, 아...! 안녕하세요~ 주민 여러분! 아파트 정비사업
　　　　주간에 다들 고생들 많으십니다. 오늘 말씀드리려고 하는
　　　　건, 주민 수칙이에요.

– 안내판에 쓰인 글씨로 순차적으로 등장하는 수칙들.

1. 아파트는 주민의 것. 주민만이 살 수 있다.

– 아파트 단지 입구.
아파트 담벼락에 고정되는 뾰족한 창살들. 위협적으로 보인다.

방범대원들, 차와 각종 물품들을 출입구 쪽으로 전달해서 옮기는 주민들.
금애, 일하고 있는 사람들 앞으로 걸어 들어와 마치 리포터마냥
주민들(관객들)에게 캠페인을 벌인다.
아파트 홍보영상, 혹은 공익광고 같은 톤.

금애 단지 안에 들어올 수 있는 건, 우리 주민뿐예요.
치안 유지를 위해 안팎을 맘대로 드나드는 거 금지합니다.

굴러가는 자동차 바퀴. 오씨가 후진 운전 중이다. 화면 더 빠지면 앞에서
밀고 있는 방범2,5,6을 비롯한 방범대원들.
출입구 쪽에 각종 물품을 쌓고 있는 방범대원들에게 지시 중인 민성과 영탁.
영탁, 화면을 보며 말한다.

영탁 솔직히, 저도 이 모든 상황이 두렵고 그래요. 저라고 뭐
세상 망하는 거 준비해 온 사람도 아니고...

경비실을 통해 밖으로 나가는 영탁. 그 뒤를 따르는 화면. 계속해서 말하는 영탁.

영탁 비정하다 할 수도 있겠지만 모두가 살 수는 없는 때
아닙니까. 마음은 쯤 불편해도 우리 사는 쪽을 선택한
거니까... (물건 쌓는 사람들을 향해) 그, 더 옆으로, 쯤만 더!

떼어온 문들을 나열해서 바리케이드를 만드는 사람들, 이내 외부인 출입금지
픗말을 붙인다.

2. 주민은 의무를 다하되, 배급은 기여도에 따라 차등 분배한다.

– 인테리어 중이라 짐을 다 뺀 집을 주민회의장으로 만들어 놨다. 영탁의
주도하에 간부회의 하는 간부들. 민성이 받아 적고 있다.

금애 주민의 의무. 주 1회 열리는 입주자 주민회의를 비롯해서
단지 내 각종 활동과 사업에 적극적으로 참여하도록
합니다. 그리고 배급은 아파트에 기여한 만큼 받아 가요.

억울한 사람 없게. 일하는 사람 따로, 놀고먹는 사람 따로,
안 되겠죠? (다음 말을 넘기는) 민성씨?

행정 부서를 나눠서 적어 온 종이를 들고 읽는 민성.
열심히 써온 글을 그대로 읽는다. 매뉴얼대로.

  민성   방범, 의료, 정비, 배급 각 담당자 명단이요. 읽을게요.

각 담당자 이름과 함께 괄호에 월세, 자가 등의 상황이 꼼꼼히 적힌 리스트.
영탁, 민성이 소개하는 중역들과 한 명 한 명 악수, 인사 나눈다.
민성의 설명에 따라 각 부서의 모습이 몽타주 된다.

  민성   방범대는... 정기적인 순찰 활동과 치안 활동체 활성을
            담당합니다. 16세부터 60세 이하 남성은 모두 참여
            가능하며, 저한테 오셔서 자율적으로 신청하시면 됩니다.

– 지혁을 비롯한 10대 아이들이 모여 앉아있다. 아이들의 상태를 체크하고 있는
왕씨, 양사장. 아이들과 눈높이를 맞춰 앉은 영탁.

  영탁   젊음이 좋긴 좋구나. 기운이 다르네.
  아이들   (수줍게 웃는) ...
  영탁   좋아. 이런 상황일수록 우리 남자들이 힘을 내야 되는 거야.
            오키?
  정우   (갑자기 거수경례) 충성!
  영탁   (웃으며 받아주는) 충성.

뒤에 서 있는 민성에게 자기들도 시켜달라고 조르는 초딩 남자아이들.
민성이 "저리 가...!" 쫓아낸다.

– 완성된 바리케이드 앞에 서 있는 민방위와 방범대원들.

  민성   정비대는 아파트 내 자원 확보와 주거환경 재정비에
            앞장서고, 배급대는 제한된 자원의 분배를 조절하기 위해

일정한 기준에 따라 공급합니다.

– 땅에 박혀 있는 마트 배송트럭 문을 따는 307호. 문을 열자 안에 박스들이
가득하다. 밝아지는 주민들.
– 복도. 박스들을 어떤 집으로 옮기는 307호와 방범대원들. 문 옆에
'배급소'라고 써 붙여 놨다. 안에서는 부녀회원들이 명절 선물세트 등의 박스들을
찢어 내용물을 꺼내고 있다. 내용물을 체크하는 김포댁.
– 104동이 더 무너지지 않도록 기둥을 받치는 206호, 방범3, 방범4.
그 너머에선 기울어진 베란다를 통해 자원들을 밖으로 던지고 있다.
– 차 연료통에 호스를 넣고 기름 빼내는 방범1. 통에 기름이 콸콸 채워진다.
– 차에서 빼낸 배터리에 전선을 연결하는 양사장. 전구에 불이 켜진다.
좋아하는 정여사와 주민들.
– 진료실로 꾸며진 어린이집.

민성	의료대는, 층마다 찾아가는 의료지원활동과 건강취약계층 등에 대한 자원연결 등의 보건의료복지업무를 포괄적으로 담당합니다.

오씨의 상처를 확인하고 드레싱하는 의료대장 양사장 아내. 명화는 임부장의
손목에 부목을 감아주고 있다. 뒤로 줄 서 있는 환자들.

명화	(약을 건네며) 여기요. 저번처럼 술로 바꿔 드시면 안 돼요.
임부장	(능글맞게) 약이 술이고 술이 약이고. 그게 그거지 뭐...

– 노인을 안마해 주는 의료대원들.
– 진료실 베란다를 통한 계단을 통해 뒷마당으로 나오는 금애.

금애	남은 사람들은 뭐 하냐구요? 다 할 일이 있죠. 우리의 식수를 위해서...!

보면... 떨떠름한 표정으로 모여 땅 파고 있는 주민들. 대부분 여자와 노인들을
비롯, 약자들이다.
여기저기서 긁어모은 듯한 어설픈 삽과 국자가 꽂힌 막대기 등으로 파고 있다.

화면 근경에, 한민족의 소리에서 나올 법한 노동요를 부르고 있는 70대 노인. 땅을 파고 있는 도균. 퍽! 삽 대가리가 언 땅에 부딪혀 부러진다.

> 도균　　　(삽을 던지며) 에이씨, 이게 지금 뭐하는 짓이야. 무슨 땅을 파서 물을 씨...

여기저기서 볼멘소리가 터져 나온다.
이내 화면 안으로 들어오는 느릿느릿 움직이던 개량한복. 이내 수맥 탐지기가 서로 교차하며 반응하자...! "여기!", "아이씨" 하며 그쪽으로 이동하는 사람들.

– 금애의 집 현관 앞.
현관문을 끼익 열고 나오는 금애. 뭔가를 발견하고 인상을 팍 찡그린다.
집 앞에 누가 똥을 싸 놨다.

> 금애　　　이런 씨-ㅂ (욕하려다 참고 화면 보며) 제일 중요한 거...!
> 　　　　　오물. 똥 관리.

– 아파트 공터에 놓인 변기. 비닐봉지를 든 민성이 화면 안으로 들어온다. 마치 승무원이 비상탈출 시범을 보이듯 변기에 비닐봉지를 씌우는 시범을 보인다. 진지하게 민성의 시범을 보는 주민. 민성, 변기에 앉아서 힘주는 시늉을 한 뒤, 옆에 놓인 흙을 비닐에 담아 꽉 묶는다.

> 금애 소리　　인간의 탈바가지를 쓰고 아무 데나 싸고 버리는 몰상식한
> 　　　　　일은 이제 더는 없도록 해야겠습니다.

– 오르막에 위치한 아파트인 만큼 수평을 유지하기 위해 높여놓은 아파트 외벽. 아파트 단지 한쪽 울타리를 뜯어 만든 틈으로 오물 비닐을 투척하는 주민들. 각자 똥 비닐을 들고 아침 인사 나누는 주민들.

> 개량한복　　어이구 안녕하십니까~ (동거녀의 비닐봉지 보며)
> 　　　　　거 묵직하네~ 허허허!
> 동거녀　　(민망) 아 씨발 짜증 나...

외벽 아래 수북이 쌓인 쓰레기와 오물들. 외부인들이 쓰레기를 뒤지고 있다.

– 복도를 걸으며 화면을 향해 말하는 영탁.

영탁   엘리베이터 안 되잖아요. 노약자랑 부상자들을 위해서
         우리가 쪼금씩 양보해야죠. 당장에 도움이 되지 않는다고
         해도, 주민이라면 모두 우리 식구니까, (어느 집 앞에
         멈춰 서서) 층을 재편합시다.

현관문 똑똑.

영탁   할아버지~

문 열고 선 100살쯤 되어 보이는 노인, 씨익- 웃는다.

– 노인들과 부상자들을 1층으로 이사시킨다. 부상자를 업고 내려오는 민성.
앞쪽에 노인을 업고 계단 내려오는 영탁이 있다.

영탁   아이고...허허... (땀 흘리며) 계단 오르락내리락 안 해도
         되니까 좋으시죠?

이빨도 없는 노인, 영탁을 보며 고개를 끄덕이며 웃는다.
민성, 그런 영탁을 보고 멋있다고 생각한다.

3. 아파트에서 벌어지는 모든 일은 주민의 민주적 합의에 의한 것이며,
이에 따르지 않으면 아파트에서 살 수 없다.

– 아파트 주민 자치 위원회 –

– 문짝에 쓰인 수칙들. 중정 나무 앞에 비석처럼 세워져 있다.
나무 바로 아래에서 주민들을 향해 말하고 있는 금애.

금애   기타, 자원은 아나바다, 아껴쓰고 나눠쓰고 바꿔쓰고

다시쓰고~ 그리고 뭐야, 불조심! 춥다고 아무렇게나
불 피우면 싹 다 통구이가 되겠죠. 또... 전염병 생기니까
개인위생에 최대한 신경들 쓰시고요... 우리 함께 한번
잘 살아봅시다.

옆에 영탁이 서 있다.

- 중정에 서서 뿌듯한 표정으로 아파트를 올려다보고 있는 영탁.
- 화면을 향해 전시되는 아파트 주민들의 행복한 모습들.
화면을 향해 웃으며 경례하는 민방위와 방범대원들. 104동 아파트의
기둥을 잡고 웃고 있는 주민들. 놀이터에서 놀고 있는 아이들. 마트 배송트럭
앞에서 자원을 들고 환호하는 주민들. 차에서 기름을 빼내곤 입가의 기름을
닦으며 미소 짓는 주민. 명화에게 치료받던 임부장의 미소. 우물을 파던
사람들의 미소. 변기에 앉아 밝게 웃고 있는 민성. 100세 노인의 미소. 중정에
모두 모여 웃고 있는 영탁을 비롯한 주민들, 화면을 향해 손하트, 따봉 등을
날리며 웃고 있다. 유토피아다.

#30
중정 · 단지 입구 ▌아침

부슬부슬 눈이 내리는 가운데, 저만치 보이는 방범대원들.
이전과는 사뭇 다른 진지한 분위기.
비닐 우비를 나눠주고 있는 금애, 지혁의 옷깃을 여며 준다.
창피한지 괜찮다고 그만하라는 지혁.
이내 기름통과 큰 가방, 비닐 우비와 고글, 마스크 등으로 무장한 방범대원들.
자신감에 찬 사람들을 향해 말하는 영탁.

영탁   중요한 건! 두려워하지 않는 겁니다! 바깥이 어떻게 바꼈든,
               누가 있든, 겁먹지만 않으면 우리가 이깁니다. 모래알이
               아무리 많아도 작은 바위 하나를 못 이기는 법이니까요.
               자, 구호 한번 외칩시다!

결의에 찬 영탁. 침을 꿀꺽 삼키는 민성과 조장들.

영탁	자, 하나, 두울, 셋!
일동	으라챠챠~ 황궁! 으라챠챠~ 황궁! 가즈아~ 화이팅~!!

"와~!" 기름통 든 양팔을 흔들며 포효하는 주민들. 용기를 충전한다.
이내 출구를 통해 밖으로 나가는 대원들. 민성, 명화 쪽을 쳐다본다.
걱정스런 표정으로 보는 명화. 입모양으로 '조심해' 하면, 걱정 말란 표정의 민성.
기대 반 걱정 반으로 나가는 대원들을 바라보는 남아 있는 주민들.
멀어지는 대원들의 뒷모습이 서서히 보이지 않는다.

#31
아파트 초입 | 아침

길 앞쪽이 뿌연 안개로 잘 보이지 않는데, 뭐라도 튀어나올 것 같은
공포심을 자아낸다.
길가에 널브러진 잔해와 시체들. 영탁도 긴장한 표정이다.
뭔가를 발견하고 얼굴이 굳는 민성, 차 안에서 꼭 껴안은 채 얼어 죽은
남녀의 시체다.
영탁, 대원들을 향해 계속 가자는 사인을 보낸다.

#32
민성, 명화의 집 | 602호 | 낮

면 등을 잘라서 붕대 대용으로 만들고 있는 명화와 의료대원들.
명화, 옆에 놓인 아기 속싸개를 집어 드는데... 바깥 어디선가 '쿠웅' 하는 소리가
들리면서 불기둥과 함께 시꺼먼 연기가 솟아오르며 하늘을 뒤덮는다.
바깥을 보는 명화와 의료대원들. 비명소리인지 무언가 무너지는 소리인지 모를
불길한 소리가 간헐적으로 들려온다. "저게 뭐야..." 하는 의료대원.
불안한 표정으로 그쪽을 바라보는 명화.

#33
아파트 중정 | 해질녘

주차장에서 축구공을 주고받는 아이들. 한 아이가 공을 세게 차는 바람에

아파트 밖으로 넘어간다.
아파트 입구에 선 아이, 나가야 하나 말아야 하나 고민하는데...
바깥에서 안으로 날아오는 축구공. "어?" 하며 난간을 통해 바깥을 본다.
이내 화색이 도는 아이.

잠시 후

중정으로 사람들이 나와 있다. 이어 명화가 뛰어나온다.
먼지를 뿌옇게 뒤집어쓰고 패잔병처럼 입구에서 중정으로 들어오는
방범대원들, 많이 지쳐 보인다.
사이로 보이는 민성. 민성에게 달려가는 명화.

> 명화   괜찮아?
>
> 민성   응응... 괜찮아.

애써 웃음을 지어 보이는 민성, 하지만 피곤하고 허탈해 보인다.
명화 민성을 부축하며 로비로 들어간다.

#34

주민회의장 ▎저녁

와르르- 쏟아지는 물건. 딱히 쓸 만한 물건은 보이지 않는다.
물건들을 보는 영탁도 먼지를 뒤집어쓰고 있다. 복잡해 보이는 영탁.

> 박소장   허... 이거 뭐... 고생들은 하셨는데 어따 쓸데도
>   없는 것들을...

박소장을 째려보는 대원들 몇. 헛기침하며 시선 돌리는 박소장.
주민회의장 한쪽 벽에 붙어 있는 지도. 이번에 뒤졌던 가게들에 X표시가 되어
있다. 황궁아파트를 중심으로 완전히 갈 수 없는 곳은 넓게 X표시가 되어 있다.

– 중정. 다시 수색 준비하는 방범대원들. 어제보다는 좀 힘들이 빠진 모습.

영탁   하나, 둘, 셋!
일동   으라챠챠~ 황궁! 으라챠챠~ 황궁! 가즈아~ 화이팅~!!

– 쏟아지는 물건들. 이번에도 딱히 쓸 만한 것이 없다.
– 주민회의장. 지도에 표시되는 X표시. 황궁아파트를 중심으로 범위가
더 넓어졌다.
– 아파트에서 본 바깥. 어딘가 무너지면서 먼지가 인다. 비교적 멀끔해 보였던
건물들이 무너진다. 복도에 서서 그런 바깥을 걱정스럽게 보는 명화.
– 아파트 입구. 밤이 되어서야 돌아오는 방범대원. 누군가가 부상을 입어 부축을
받으면서 들어온다. 옆으로 빠지면서 토하는 지혁. 걸어 들어가는 영탁과 민성,
표정이 굳어 있다.
– 궁색한 물건들 테이블 위에 널브러져 있다.
– 민성 명화의 집. 수색 중 다친 부위를 소독해주는 명화. 피곤해 보이는 민성.
애써 미소 짓는다.
– 뒷마당 우물을 파는 사람들 사이에서,

정여사   문을 열었는데, 글쎄 시체가 드글드글... 근데 그게 다
                사람들이 죽인 거 같다고 하드라고.
개량한복   인면수심이구만...

그 얘기를 들었는지 못 들었는지 땅만 파고 있는 도균.
– 밤이 되어서야 돌아오는 방범대원. 대문이 열리고 방범대원들이 고개를
숙인 채 들어온다.
– 주워 온 쓸데없는 물건들이 주민회의실 테이블 위에 널브러져 있고,
금애가 물건들을 뒤적이고 있다. 이만치에서 벽에 붙은 지도의 어딘가를
뚫어져라 보고 있는 영탁.
– 민성 명화 집. 큰 배낭을 짊어지는 민성, 휘청한다.
– 힘없이 구호 외치는 대원들.

영탁	하나, 둘, 셋!
일동	으라챠챠... 황궁... 으라챠챠... 황궁... 가즈아... 파이팅...!
영탁	힘들 내십시다. 예?

한숨 내쉬는 방범대원 몇, 지친 얼굴. 몇몇은 삐죽거리기도 한다.
그런 대원들이 탐탁지 않은 영탁.

– 지도에서 꽤 먼 거리가 도착지로 체크되어 있다.
– 배낭을 짊어진 방범대 무리들이 멀어진다.
대문 밖까지 배웅 나온 명화와 사람들.
– 지도의 햇불 표시가 있는 곳으로 카메라 다가간다.
그 옆 태평양마트에 동그라미가 되어 있다.

#36
외부 어딘가 ┃ 저녁 · 밤

지도의 햇불 그림에서 실제 불기둥으로 디졸브 된다.
까만 밤에 멀리 불기둥으로 밝아진 하늘과 시커먼 구름이 번쩍거린다.
이만치 참호 안에서 불기둥을 멍하게 보고 있는 민성. 뒤로는 작은 불 가에
모여 있는 방범대원들이 보인다. 근근이 혹한기 야영하듯 누워서 자는
사람도 보인다.
이쪽으로 걸어오는 영탁, 참호 안으로 들어와 과자 하나를 건넨다.
웃으며 받아 드는 민성.

잠시 후

나란히 딱 붙어 앉은 두 사람.

영탁	와이프는 어떻게 만났어요?
민성	대학 때 소개팅으로요. 흐...
영탁	어디 대학?
민성	아, 서울시립대요.
영탁	오. 서울...! 이야!! 무슨 과?!

민성	행정학과요. (장난으로 으스대는) 나름 전액 장학생이었습니다.
영탁	(과하게 놀라는) 전액! 역시~
민성	(웃는) ...
영탁	원래 꿈이 공무원이었구만? 행정과면.
민성	네. 흐흐... 저는 부모님이 일찍 돌아가셔서 그런지, 막 큰 꿈 이런 거 말고, 안정적인 가정 꾸리는 게 꿈이었거든요. 그래서 결혼도 좀 빨리 했고, 아파트도 막 무리해서 사고... 큰 고민은 없었던 거 같아요.
영탁	그런 말도 있잖아요. 수신지국치신... 그... 가정만 잘 지켜도 애국이다. 그거.
민성	...? 아, 수신제가치국평천하요.
영탁	아 글치 그거...! 수신제국...
민성	치국평...

민성, 어색한 미소. 잠시 말이 없는 두 사람.

영탁	...나도 가족이 있었어요. 따로 살고 있긴 했지만... 마누라하고 딸내미 하나. (민성 보더니) 뭐야? 그 반응은? 나는 없을 줄 알았어?
민성	아! 아닙니다. 근데... 그럼 가족분들은...
영탁	이런 이판사판에 사연 없는 놈이 어딨겠냐마는 내 사연은 유독 지독해서... (말 돌리듯) 민성씨는 자녀 계획은 없어요?
민성	...아~ (어두워지는) 실은 작년에 유산을 해가지구...
영탁	(안타까운) ...! 아이구. 내가 괜한 얘길...
민성	(미소) 아닙니다. 잘 모르겠더라고요. 우리 둘 다 딱히 잘못한 건 없는데, 뭔가 잘못한 거 같고... 명화가 많이 힘들어했어요.
영탁	(끄덕끄덕) 가장이라 그래. 가족이 힘들어하면 다~ 내가 부족해서 그런 거 같고, 뭘 해도 죄책감이 들지.
민성	...
영탁	그래도 다 보상받을 겁니다. 우리가 지금 고생하는 것도. 다.

민성   (영탁과 잠시 눈이 마주치자 멋쩍게 웃으며) ...네,
          감사합니다.

#37
6층 복도 | 밤

복도를 지나고 있는 명화.

주몽 소리   아줌마!

깜짝 놀라 돌아보는 명화. 809호 앞 복도에 주몽이 이쪽을 보며 손을
흔들고 있다.
명화, 반가우면서도 어떻게 저기에 있는지 혼란스럽다.

명화   어어...? 너...!
주몽   (무전기 들어 보이며) 무전기! 무전기!!

그때 다급하게 집에서 나온 도균, 얼른 아이를 들다시피 해서 집 안으로 들어간다.
문을 닫기 전 주위를 살피다가 명화와 눈이 마주친다. 이내 문을 닫아버리는 도균.
이게 뭐지 싶은 명화. 잠깐 생각하다 얼른 집으로 들어간다.

#38
민성, 명화의 집 | 602호

작은방에서 무전기를 찾아내는 명화, 얼른 전원을 켜고 창문 너머로
809호 쪽을 보며 기다린다.
곧 들려오는 무전기 신호.

주몽   아! 아! 들리나 오바!
명화   주몽아, 너 어떻게 된 거야?
주몽   ...
명화   주몽아?
주몽   '오바' 해야죠.

명화	아, 어어... 오빠...!
주몽	음... 아저씨 여기 몇 호예요?
도균	야 인마! 너 또! 하지 말라니깐!! (지직지직- 끊어지는)
명화	저기 잠깐만요...! 저기요! 그 애 저희 집에 잠깐
	있던 아인데요.

#39

도균의 집 | 809호

누군가의 집. 모던한 인테리어. 무전기를 들고 있는 도균, 긴장한 표정.
주몽의 입을 막은 주몽엄마 보인다. 그 옆으로 겁먹은 표정의 4인 가족도 보인다.

명화 소리	(지직...) 엄마랑 같이 있나요? 몇 호시죠? 네?
	...제가 도울 수 있을 거 같아서 그래요.

서로의 얼굴을 쳐다보는 사람들.

#40

태평양마트 앞 | 아침

불기둥에 꽤 가까운 빌라촌 어딘가. 시커먼 연기가 동네를 휘감고 있다.
불투명한 판넬 너머로 보이는 사람들의 실루엣, 이내 판넬 치워지면, 민성과
방범대원들 보인다.
틈새로 뭔가를 발견한 민성. 롯데 마크가 박힌 아이스크림 냉장고다.
그 너머로 보이는 반파된 건물 아래 온갖 잡동사니들을 쌓아놓아 입구를
막은 건물.
그 사이로 '나들가게 태평양마트' 간판이 뒤집힌 채 보인다. 소형마트다.
입구 유리에 시트지로 쓰인 '고객 여러분 모두 건강하시고 부자 되세요!'
안에 여러 마리의 개가 있는지 개 짖는 소리가 시끄럽다.
빠루로 잠긴 셔터문을 열려고 하는 고시생. 서툴다.

양사장	에헤이, 아들 거길 잡아 뜯는다고 열리나 그 옆에 자물쇠
	쪽을 잡고 비틀어야지.

         고시생   아 그럼 직접 해보시든가요.
         양사장   하여간~ 나와 봐...!

민성은 건물 옆으로 돌아서 다른 입구를 찾는 중이다.
뭐 없나 하며 살피는데... 뭔가에 시선이 꽂힌다. 보면 무언가의 뼈 무더기다.
소름 끼치는 민성.
그때 저쪽에서 '쾅 드르륵-!' 소리와 함께 "됐다~!" 소리 들린다.

열린 문을 통해 우르르 안으로 들어가는 방범대원들.
갑자기 안에서 뭔 일이 났는지 우르르- 나온다.
하얗게 질린 채 밖으로 나오는 지혁. 보면, 뒤에서 주인 남자다.
지혁 뒤통수에 엽총을 대고 있다.
영탁을 비롯한 조원들도 손을 든 채 뒷걸음질 친다.

         마트주인   이 씨발놈들아! 내 가게에 손가락 하나 까딱해 봐!! 씨발!
                    대가리에 구멍 날 줄 알아!
         영탁   알았어요. 그냥 갈 테니까 총 내려놓으시고.
         마트주인   더 이상은 안 당해! 씨발놈들, 내가 우스워! 씨발!
         영탁   자... 진정하시고... 예? 그냥 갈 테니까 애 놔줘요.
         지혁   살려... 살려... 주세요.

양손을 올려 항복한 자세를 취하는 영탁. 옆으로 게걸음을 걸으며,

         영탁   자, 갈게요. (방범대원들에게) 갑시다!

영탁을 따라 옆으로 걷는 방범대원들.

         마트주인   뭐야 씨발 움직이지 마!

영탁 일행을 향해 총구를 돌리는 주인. 그 뒤로 보이는 민성, 덜덜 떨며 빠루를
들고 접근하는 중이다. 영탁은 주인의 시선을 분산시키려는 것이다. 하지만
겁에 질려 우물쭈물대는 민성.
지혁의 헬멧에 반사된 민성의 모습이 주인 시야에 들어온다.

순간, 휙 돌아보는 주인. 민성 쪽으로 총구를 돌린다. 동시에 빠루로 내리치는 민성.
탕! 하고 발사되는 총알. 퍽!! 어깨에 가서 박히는 빠루. 주인, "끄아악!"
달려들려는 영탁과 대원들, 탕! 다시 한 발. 주인의 총이 이쪽을 향하자 "어어!"
하며 몸을 숙인다.
빠루가 빠지지 않아 주인에게 이리저리 끌려다니는 민성, 이내 함께 넘어진다.
다시 한번 탕! 지혁 헬멧을 비켜 맞는 총알. 쓰러지는 지혁.
틱틱 총알이 없다.
방범대원들, 끝까지 반항하는 주인 남자를 때리고 붙잡기 시작한다.
영탁, 쓰러져 있는 지혁 얼굴을 이리저리 살피며,

        영탁   괜찮니? (살아있는 걸 확인 후 돌아보며) 이런 개새끼가!

사람들을 헤치고 들어가 주인 남자를 구타하기 시작하는 영탁.

        영탁   나이 처먹고 애를 인질로 잡아?! 부끄러운 줄 알아!

마트주인, 체념한 듯 매질을 받아들인다.
퍽! 퍽! 이성을 잃고 주인을 마구 구타하는 영탁을 바라보는 방범대원들, 민성.
피떡이 되어 널브러진 주인. 그제야 매질을 멈추는 영탁. 주인의 옷가지를 뒤져
담배를 챙긴다.
숨을 고르며 무릎을 짚고 일어서는 영탁.

        영탁   후... 챙깁시다.

쓰러진 남자를 굳은 표정으로 보는 민성.

#41
태평양마트 안 ▎낮

슈퍼 안쪽엔, 키우던 것인지 잡아먹으려던 것인지 몇 마리의 개들이
어딘가를 보고 있다.
카운터 안쪽을 막아 개집으로 해 놓았고, 쭈그리고 앉은 지혁이 개들을 보고 있다.
개들은 지혁 손에 있는 소시지를 보고 있다.

털이 흉하게 엉킨 시츄 한 마리. 목걸이에 '뽀식이'라고 쓰여 있다.
꼬랑지 살랑살랑.
지혁, 들고 있던 소시지를 조금 떼어서 준다.
술, 담배, 간식을 까먹으며 물자를 나르는 방범대원들.
앞선 상황이 꺼림칙하긴 해도, 막상 자원들을 보자 신이 난 모양새다.

볼록거울에 비친 민성.
구석에 선 민성, 방금 전 일에 어안이 벙벙하다. 손을 만지작거리는 민성.
빠루가 박히던 순간의 촉감이 손에 생생히 남아있다. 사람들. 문쪽에
서 있는 민성을 툭 치며 "아우님이 지혁이를 살렸어요."(왕씨), "잘했다." 등
칭찬을 건넨다. 어색한 표정을 지어 보이는 민성.
그때 풀려난 개 한 마리가 민성 발치를 지나 진열대 뒤쪽 벽 냄새를
킁킁거리며 맡는다.
민성, 뭔가 싶어 가까이 가보면, 숨겨진 문이다. 열어보는데...
그 안에 주인의 가족으로 보이는 중년 여자와 초등학생 정도의 딸이
덜덜 떨고 있다.
문득 뒤쪽의 다른 방범대원들을 보는 민성. 아직 이쪽을 보지 못한 모양이다.
민성, 딸과 눈이 마주치는데... 자신을 보는 얼굴에 두려움과 분노가 서려 있다.
순간 흠칫...! 어느새 다가온 영탁이 문 안쪽을 본다.

영탁   뭐 있어요?

말없이 가만히 안쪽을 보는 영탁. 그가 든 총의 총구가 움직이자,
긴장하는 민성.

민성   저 대표님...

그 총으로 조용히 문을 닫는 영탁, 이내 민성 어깨 꾹 잡고 일어나며,
작은 목소리.

영탁   갈까요?
민성   네... 네.

시간 경과

텅 비어 버린 마트 안.

#42
태평양마트 앞 | 낮

통로를 통해 바깥으로 나가는 대원들.
줄에 묶여 사람들을 따라가는 개들을 보는 지혁. 산책하는 기분의 뽀식이가
문득 지혁을 돌아본다.
제일 앞장서서 걷는 영탁을 뒤따르는 각종 상자를 들고 멘 방범대원들.
마지막으로 나가는 민성, 문득 태평양마트를 돌아본다.
더 이상 움직이지 않는 주인남자의 몸뚱이를 붙잡고 우는 그의 아내와 딸.
시선을 거두는 민성, 길을 떠난다. 마트 쪽을 비추는 화면, 점점 멀어지고...

#43
폐허 | 오후

집으로 돌아가는 대원들의 실루엣. 그 너머로 펼쳐진 폐허.

#44
어딘가 | 해질녘

길가에 죽어 있는 국회의원. "으이구, 깝치더니 결국 죽었네." 하며
지나가는 대원들.
한번 힐긋 보고 지나는 영탁.
그런 영탁과 시체를 번갈아 보는 민성, 생각이 많아 보인다.
그러나 시체에서 고개를 돌려버린다. 저 멀리 보이는 황궁아파트.

#45
외부 어딘가 | 낮

먼지 너머로 시뻘겋게 보이는 태양. 화면 빠지면... 푸르른 나무가 보인다.

이게 뭔가 싶은데...

'쾅!' 하고 화면을 깨부수는 망치. 화면 더 빠지면, 앞서 본 풍경은
자판기 그림이고, 두껍게 옷을 겹쳐 입은 노숙자 사내 넷이 자판기를 털고 있다.
자판기 음료수들의 알루미늄 캔을 찢어낸 후, 얼어붙은 내용물을 혀로 할짝할짝
핥는 노숙자들.
다리 하나를 잃고 정신이 멍해 보이는 노숙자4를 먹여주기도 하며 살뜰히
챙기는 노숙자3.

　　　노숙자1　　...너네 그 얘기 들었어?
　　　노숙자2　　뭐?
　　　노숙자1　　아파트.
　　　노숙자2　　븅신 다 헛소문이지 아파트가 어딨냐. 이 난리 된 지
　　　　　　　　두 달이야. (둘러보게 하는) 근데 야, 봐봐, 봐봐.
　　　노숙자3　　나도 들었어요. 옛날이랑 똑같대. 천국이래요 천국.
　　　　　　　　(노숙자4를 챙기며) 자, 아~ 해요. 아~
　　　노숙자1　　그래? 내가 들은 건 좀 다른데...
　　　노숙자2,3　...?
　　　노숙자1　　사람 잡아먹는 데라던데. (사이) 천국이다 뭐다 그런
　　　　　　　　소문을 쫙- 퍼트린 담에... 찾아오는 사람들을 식량으로
　　　　　　　　쓴다는 거야. 모란시장 개새끼들마냥 쫙 매달아놓고 발목을
　　　　　　　　뚝, 뚝, 따서 피를 쫙- 빼가지고서는 그냥...!

그때 정체 모를 '휘이이이-' 바람 소리가 음산하다. 긴장하는 노숙자들.
저만치 먼지 너머로 보이는 삼십여 개의 실루엣...!

　　　노숙자1　　쉬벌...!

후다닥-! 바퀴벌레마냥 흩어져 도망치는 노숙자들.
수집한 물건들을 한껏 들고 오는 방범대원들과 영탁, 그리고 민성.

　　　정우　　　하하... 바퀴벌레 같아요.

대원들, 이전과는 달리 표정에서 당당함과 능숙함이 묻어난다.

드르릉-! 누군가 기름 발전기의 모터 줄을 당긴다. 발전기에 꽂히는 전원코드.
중정에서 펼쳐진 새해 잔치. 재활용 물품 수거하던 곳에 세워져 있던
캐노피들을 모아서 펼쳐 놨다.
캐노피 안쪽의 조명에 불이 들어온다. 불을 보고 환하게 웃는 주민들.
너머로 보이는 분주한 사람들. 한쪽에서는 맛있게 끓여지고 있는 고기 삶는
냄새가 진동한다.
옹기종기 앉아있는 사람들. 저만치에서 수육을 떠서 바쁘게 나르는
사람들 보이고.
개고기라는 걸 알고 거부감을 드러내는 사람도 있지만, 대부분 "얼마만의
고기냐.", "남의 살이 이렇게 맛있다." 하며 정신없이 들이켜고, 한 아이는
"엄마 이거 무슨 고기야?" 묻기도 한다. 동거녀가 고기를 건네자 뜨악한
표정으로 거부하는 동거남. 그런 남자친구의 모습에 깔깔거리며 웃는 동거녀.
노래방 기계까지 갖다 놓고 본격적으로 놀기 시작하는 주민들.
주민들을 향해 레크리에이션을 시작하는 민방위. 웃고 떠드는 분위기.

개고기를 게걸스럽게 먹어 치우고 있는 민성. 그런 민성의 모습을 어색한 듯
보는 명화. 민성의 옷소매에 튄 피를 보고 있다. 손은 상처투성이다.
앞에 놓인 수육을 가만히 보는 명화. 주저한다.
앞 테이블에서 고기를 뜯으며 말하는 왕씨. 4인 가족이다.

왕씨	그... 아우님이 밖에서 고생고생해서 구해 온 거예요~ 안 먹을 거면 우리 주든가.
민성	아뇨, 아뇨. 먹어야죠.

힘들겠지만 먹어보라는 듯 명화에게 눈짓하는 민성.
이내 반주가 시작되고, 나무 아래를 무대 삼아 쿠세 섞인 창법으로 노래를
시작하는 민방위.
건너편 자리에 있던 영탁이 민성에게 오라고 손짓한다.

민성	(명화 눈치를 보며) 나 잠깐...

그쪽으로 건너가는 민성, 맞은편에 앉으려고 하자, "에, 어디 갈라고! 일루와!"
자기 옆으로 오라고 하며 맛깔나게 수육을 먹는 영탁, 그런 영탁의 옆에 딱 붙어
어울려 노는 방범대원들.

> 영탁   우리 에이스!

영탁, 웃으며 민성에게 술을 한 잔 가득 따라준다. 자리에서 일어나 민성을
일으켜 세우는 영탁.

> 영탁   여러분! 우리 조장님에게 박수!!

짝짝짝 주민들이 박수를 친다. 그런 민성을 보는 명화.
집단에서 완전히 자리를 잡은 듯 보이는 민성. 그 모습이 이전과는 사뭇
달라 보인다.
감사 인사와 칭찬을 건네는 사람들. 민성, 쑥스러운 듯 웃는다.
그런 민성을 보는 명화.

#47

아파트 단지 입구 초소 | 밤

경비실이었던 초소 안에서 보초를 서고 있는 지혁과 고시생.
옆엔 빈 그릇이 놓여 있다.
창 너머로 망보고 있는 지혁. 뒤에서 다리 꼬고 반쯤 누워 말하는 고시생.

> 고시생   꺼억- 군대 좀 일찍 왔다 생각하고. 앞으로 살아갈
> 세상에서는 이런 게 스펙이야.
> 너 공부는 잘하냐?
>
> 지혁   (뭔가 발견) ...저기 뭐가 오는데요?
>
> 고시생   괜히 말 돌리지 말고, 짜식아. 원래 어두울 때 계속
> 한군데만 쳐다보면 그래.
> (눈알 돌리며) 보초 설 땐 항상 시선을 사선으로... 이렇게
> 해줘야 한다고.
>
> 지혁   (눈 비비고) 진짜 오는데...

고시생 죽는다 없으면.

지혁 옆에 와서 보는 고시생. 한참을 가만히 보며,

고시생 봐봐. 뭐가 움직이지. 한군데만 계속 보니까 그런 거거든. 하지만 (플래시를 비추며) 이렇게 불을 비춰보면... 없... 으헉!! 씨발 뭐야 저거!! 누구야!! 아 씨발!!

허옇게 먼지를 잔뜩 뒤집어쓴 산발의 여자, 혜원(18)이다. 기괴한 모습.

지혁 (알아보는) 어...?

#48
아파트 중정 | 밤

"주민 여러분 새해 복 많이 받으십쇼~!" 하며 열창하던 1004호, 노래를 듣던 주민들의 시선이 어딘가로 향하자 '응?' 하며 노래를 멈춘다.
영탁, 민성, 명화도 각각 그쪽을 본다.
저만치 지혁과 고시생이 혜원을 부축해서 데리고 들어오고 있다.
잔치 중인 주민들을 가만히 보는 혜원.

금애 소리 독한 애야.

#49
9층 복도 · 혜원의 집 | 903호 | 밤

903호. 혜원 집 앞. 금애와 이야기 중인 영탁. 주민대장을 펼치고 확인 중이다.
주민대장에 '엄마 조경숙. 딸 문혜원.' 적혀있다.
영탁과 금애 목소리 너머로 보이는 혜원의 집.
주민 몇 명이 와서 이것저것 챙겨주고 있다.
엉망이 된 집안을 둘러보는 혜원.

금애 지 아빠랑 1010호 여자랑 바람이 났는데. 그걸

어떻게 알아가지구 대자보를 빡! ...같이 있는 거를
사진까지 프린트해가지구. 결국 그 여자 아파트에서
쫓겨나듯 이사 나갔다니까.

영탁　　　음...

금애　　　지 엄만 죽었는지 살았는지... 혼자 기어코 살아서 왔네.
　　　　　(혜원과 눈 마주치자) 얘, 와서 인사해. 옆집 아저씨
　　　　　기억나지?

영탁을 가만히 처다보던 혜원.

혜원　　　...아니요.

썰렁해지는 분위기. 수습하는 금애.

금애　　　요즘 이렇다니까. 옆집 사는데 얼굴도 모르고 정이 없어.

혜원을 가만히 보는 영탁.

#50
아파트 중정 | 밤

나무 앞. 영탁 옆에 엉거주춤 선 혜원. 대충 씻었는지 아까보다 그나마
좀 나아 보인다.
마이크를 통해 퍼져 나가는 영탁의 목소리. 술기운이 오른 듯.

영탁　　　자- 맛있게 드시고들 계시죠~ 지금 우리 아파트는
　　　　　명실공히 대한민국에서 제일 살기 좋은 곳이 아닐까
　　　　　싶습니다. 한국에서 제-일 비싼 아파트, 제-일 좋은 아파트.
　　　　　그죠? (주민들 웃는다) 에... 아파트 정비 사업 이후
　　　　　처음으로, 증원이 생겼습니다.

혜원, 꾸벅 인사하는데, 미적지근한 반응이다.

영탁	(주민들을 보다가) 인구 증가, 부담되죠. 하지만.
	어느 집단이나 잘 되려면 원칙이 중요한 법입니다.
	우리 아파트 제1원칙이 뭡니까?
주민들	(몇몇이) 아파트는 주민의 것!
영탁	뭐라고요?
주민들	(다 같이) 아파트는 주민의 것!
영탁	네. 그렇죠. 우리 다시 한번 반갑게 우리 주민, 아니
	새 식구를 박수로 맞아 봅시다. 자. 903호 문혜원
	양입니다. 박수~

주민들을 향해 꾸벅 인사하는 혜원.
사람들, 서로 눈치 봐가며 박수친다.

| 양사장 | 마이크 잡은 김에 노래해라! |

"한 곡조 뽑아 봐요!" 아우성치는 주민들. 이에 "에이..." 손사래 치는 영탁.

주민들	노래해! 노래해! 노래해! 노래해!
금애	빼지 마시고! 시원하게!
영탁	아이, 무슨 노래를... (못 이기는 척) 칠사공삼삼.

"와아~!" 환호하는 주민들.
띵동- 띵동- 벨소리. 곧이어 이어지는 윤수일의 '아파트' 간주. 리듬 타는 영탁.
영탁, 카리스마 있게 절제된 움직임만으로 노래를 부른다.
영탁이 후렴구에 관객을 향해 손짓하면 추임새를 외치는 주민들.

| 영탁 | 별빛이 흐르는, 다리를 건너, 바람 부는 갈대숲을 지나~ |
| | 언제나 나를~ 언제나 나를~ 기다리던 너의 아파트~ |

가라오케 브라운관 속, 촌스러운 화면이지만 멀쩡했던 서울의 풍경.
강변북로의 차들과 아파트들.

차 안 시점. 재난 전의 강변북로를 달리는 중이다.
빽빽하게 솟아오른 빌딩들이 보인다.
운전 중인 사람은 머리카락도 지금보다 길고, 콧수염 없는 영탁이다.
붉게 충혈된 눈. 수척한 모습.

'김혜자 미용실' 안을 보고 있는 영탁. 50대 여자가 홀로 앉아있다.
교복을 입은 10대 소녀가 미용실로 들어간다. 그 모습을 한동안 바라보는 영탁.
출발하는 택시. 차 앞좌석 중앙에 붙어 있는 영탁과 모녀의 사진. 방금 전
50대 여자와 10대 소녀다.

택시 안 시점으로 보이는 풍경들. 고급 아파트 단지와 각종 부동산들…
어느 아파트 입구 쪽에, 황궁아파트에 박혀 있던 배송트럭이 출입 기록을
쓰고 있다.
이내 저만치에 황궁아파트 단지가 보인다.

902호 현관문에 광고전단이 덕지덕지 붙어 있다.
영탁, 초인종을 누른다. 아무런 반응이 없자 화분 아래며 창틀 등을 뒤져
열쇠를 찾아낸다.
조심스레 집 안으로 들어서는 영탁.
무심히 틀어놓은 티브이에선 예능이 나오고 있다.
식탁 의자에 앉는 영탁. 생경한 풍경 보듯 집 안을 한번 둘러본다.
거실에 홀로 누워있는 영탁모가 보인다. 식탁엔 요양보호사가 써두고 간 메모.
'요양보호사 박미옥. 금주까지 꼭 입금 바랍니다!!' 계좌번호가 적혀있다.
예능에서 들리는 깔깔 웃음소리.

시간 경과

얼마나 시간이 지났는지 다른 프로그램 소리가 들린다.

창밖으로 보이는 드림팰리스.

방 안 책상에는 모니터 세 대와 각종 주식 자료들이 널브러져 있고 한쪽엔
도시락 껍질이며 담배가 수북한 재떨이 등이 어지럽게 쌓여있다.

거실 벽에 붙은 사진들. 빨간 옷의 40대의 파마머리 영탁모와 어린 영탁의 사진.

화려한 화장을 한 50대의 한복 입은 영탁모가 노래 부르고 있는 사진.

그 뒤에 붙은 현수막 '황궁아파트 주민화합 노래잔치'

이것들 위로 붙은 빛이 점점 어두워진다. 그때... 문 앞에서 '철컥철컥'
소리가 들린다.

누운 채 소리가 나는 쪽을 보려고 하는 영탁모. 현관 센서 등이 켜지면...
스포츠머리에 무늬 있는 뿔테안경. 턱수염만 기른 40대 남자가
집안으로 들어선다.

        남자   아 왜 불을 다 꺼놨어...

영탁모 옆에 와서 앉는 남자.

        남자   엄마~ 모 했어. 밥 먹었어?
        영탁   김영탁이.
        남자   (영탁 보고 놀라) 헉!! 누구야?! 어떻게 들어왔어?
        영탁   이사 왔다. 여서 살라고.
        남자   (누군지 알아보고) 하 거참... 당신 주거침입죄로
                    고소할 거야.

남자, 핸드폰을 들어 전화를 걸려고 하자, 영탁이 핸드폰을 내리친다.

        남자   하... (골치 아픈 듯) 나도 위임장에 이름만 박은 거지,
                    뭐 아는 게 없어요. 나도 피해자야 나도.
        영탁   니들 다 한통속인 거 다 알아보고 왔는데
                    어디서 이빨질이야? 돈 내놔. 없음 이 집이라도 내놓든가.
        남자   나는요. 계약서 받은 적도 없어요. 내가 뭔 돈을 받아요.
                    내가...!!
        영탁   ...

097

| 남자 | 하아... 그런 선수들 못 당해요. 세상이 뒤집어지면 모를까. |
| | 다~ 당할 만한 놈들을 골라서 공사 치는 거라니까. |

눈이 뒤집혀 남자의 멱살을 잡는 영탁.

남자	아 왜 이래 진짜!
영탁	당할 놈들?! 딴 새끼들은 경찰서를 찾아가든 약을 먹고
	뒤지든 한 모양인데, 그런 호구 새끼들이랑 나랑은
	종자가 달라. 니들 잘못 걸렸어. 부동산 하던 문석조는
	해외로 튄 거! 니 친구새끼 이름으로 뒤로 돈 받아 처먹은
	거, 우리은행 1002142335673 홍만기! 다 알아냈어,
	이 개씨발 사기꾼 새끼들아!!
남자	에이 씨발!!

영탁을 퍽! 밀쳐내는 남자. 뒤로 쓰러지는 영탁, 신음한다.

남자	하... 그니까... 집 좀 싸게 나왔다고 눈 휙 돌아가지고
	입금한 새끼가 병신이지!
영탁	...!!
남자	선생님, 처자식도 있는 분이 이러면 안 되잖습니까...
	예? 속상해도 법이 해결해야지 뭐 어쩌겠어요. 막말로,
	한국에선 속인 놈보다 속은 놈이 더 죄인이에요.
	다 교육비다~ 생각하셔야지. 나도 돈 없어요. 다 날렸어요.
	죄송합니다. 예?

으아아! 분에 차 다시 달려드는 영탁.
엉키는 두 사람. 둘의 밀고 밀리는 몸싸움이 시작된다. "으어어어!" 하며
소리 지르는 영탁모.
남자의 다리를 잡아 넘어뜨리는 영탁.
남자, 넘어지며 이만치 튀어나와 있던 바둑판 모서리에 얼굴을 퍽! 찧는다.
"아아아아악!!" 하며 눈 쪽에서 피를 흘리며 뒤로 나가떨어진다.
곧바로 뒷모습을 보인 남자에게 달려드는 영탁. "개새끼야!"
영탁, 옆에 놓인 바둑알 통을 집어 남자의 얼굴을 후려친다.

"악!" 고통스러워하는 남자. 영탁, 손에 잡히는 대로 바둑알들을 집어
남자의 입에 처넣는다.

"크억..." 하며 바둑알을 뱉어내는 남자.

이미 이성을 잃은 영탁, "개새끼... 씹새끼..." 욕을 하며 남자의 입에 바둑알을
계속 쑤셔 넣는다.

얼굴의 핏줄이 돋는 남자, 침을 질질 흘리고 눈알도 튀어나올 듯
시뻘겋게 충혈된다.

바둑알들이 식도를 넘어가는지 남자의 목울대가 꿀렁인다.

그 모습을 보는 영탁모, 괴성을 지르며 격렬하게 몸을 비튼다.

창밖에서 들어오는 시뻘건 빛. 영탁의 일그러진 그림자가 방안을 채운다.

이내 스르르- 힘이 빠지는 남자의 손.

그 모습을 보고 눈알이 허옇게 뒤집힌 영탁모, 입에 거품을 물고
부들부들 몸을 떨며 괴성을 지른다.

"헉...헉..." 숨을 가쁘게 몰아쉬는 영탁, 욕지거리가 섞인 알 수 없는 말을 읊조린다.

창밖 강한 붉은 빛으로 인해, 실루엣으로 보이는 영탁, 죽은 남자에게서 떨어진다.

그때 바닥에 떨어져 있던 영탁의 전화가 걸려 온다. '우리 딸'.

영탁, 긴 한숨을 내쉬고 전화를 받는다.

딸 소리   아빠 어디야.

영탁의 전화기 너머로 "왜 이래요!", "어딨어! 모세범이 어딨어!?",
"아, 나도 모른다니까!" 등등 몇 명의 사람들이 항의하는 고성과 아내가
항변하는 소리가 들린다.

영탁   영지야... 무, 무슨 일...

딸 소리   (울며) 어디냐고!!

아내 소리   (다짜고짜) 야 너 어디야! 가게까지 빚쟁이들 오게 만들고!!!
                    생지옥에 처자식 밀어 넣고 너만 내빼면 다야? 어!!?
                    니가 사람이야?! 니가 사람이야!!!

영탁   (시체 보며) 그게 해결하려고 했는데...

아내 소리   해결? 니가 뭘 해결하는데?
                    니가 평생 뭐 하나라도 해결했는데?!

영탁   ...

아내 소리 ...등신새끼... 나가 죽어.

뚝 끊긴다. 몸이 덜덜 떨리는 영탁. 계속 떨리는 몸.
아니, 아파트 전체가 흔들리고 있다.
그때... 천지에 진동하는 쿠르릉- 땅울림 소리.
고개를 돌려 베란다 너머 창을 보는 영탁.

쾅쾅!!!

소리와 함께, 창밖 저 멀리... 우르르 쾅!!
넋을 잃고 그 모습을 바라보는 영탁. 창문에 반사된 풍경.
굉음을 내며 무너지는 건물들.
그 위로 영탁의 노랫소리 들려온다.

영탁 소리 오늘도 바보처럼 미련 때문에, 다시 또 찾아왔지만~

#53

아파트 중정 ▌밤

노래 중인 영탁. 화면 점점 뒤로 빠지면...

영탁 아무도 없는 아무도 없는~ 쓸쓸한 너의 아파트~
아파트 예예~

무대 위로 난입해 춤을 추고 있는 사람들. 술이 올라 춤추는 민성도 보인다.
춤추는 주민들의 그림자가 아파트에 기괴하게 드리워져 있다.

영탁 아무도~ 아무도 없는 아무도 없는~ 쓸쓸한 너의 아파트~

영탁의 목소리 들리는 가운데, 폐허 속 유일하게 빛을 내고 있는 황궁아파트 전경.

저만치에, 가만히 서서 뭔가를 구경하며 기다리는 왕씨아들과 아이들.
오빠를 따라 나온 왕씨딸도 보인다.
방범1, 펜치를 들고 뭔가 뽑은 후, 선별하는 작업을 지켜본다.
시체에서 이빨을 뽑아 금니만 챙기는 중이다.
획- 하고 남은 금이 없는 이빨들을 버리면,
기다리던 아이들, 이빨들을 챙겨 친구들 있는 곳으로 뛰어간다.

혜원 집 풍경을 비추는 화면.
현관문에 붙은 달력은 재난이 일어난 날짜에 멈춰있다.
혜원 방문에 붙어있는 포스터들. 벽지에 액자며 상장이며 걸려 있던
자국이 고스란히 남아있다.
네일아트 관련된 책과 소품들.
냉장고 열어보면, 반찬통에 고추장, 김치 등등 엄마 글씨가 쓰여 있다.
엄마와 어린 혜원이 나란히 아파트 앞에서 찍은 사진 액자가 서랍장 위에
놓여 있다.
소파에 멍하게 앉아 사진을 보는 혜원, 울컥한다.

복도까지 두 줄로 선 사람들. 배급 줄이다.

금애   610호... 정비대. 1006호는 방범... 그리고...

배급소 앞에 테이블을 펴 놓고, 주민 명부를 보며 차등 배급을 하고 있다.
뒤쪽에 선 혜원. 옆에 선 지혁이 아파트 규칙에 대해 이것저것 설명해
주는 중이다.

지혁   배급은 일주일에 한 번이고...매주 월요일 저녁에는
             주민회의니까...

앞쪽에서 싸움이 난 듯 시끌벅적하다.
배급소 안에서 의약품을 챙기던 명화, 소란에 바깥쪽을 본다.

박소장   (배급품을 보여주며) 지금 사람 놀려? 지금 이걸로
             일주일을 어떻게 버티라고, (물통을 보며) 물은 이게
             뭐야 니미...

배급장과 함께 있던 금애, 곤란한 듯. 하지만 애써 달래는 말투.

금애   아유 물탱크에 쬐끔 남은 거까지 싹 다 긁었구만.
             다~ 힘들어요. 지금.
정여사   받았으면 빨리빨리 나와요 쫌~!

박소장, 돌아보면, 뒤쪽 줄에 있던 사람들이 한마디씩 거든다.

209호   거 가만히 앉아서 받기나 하면서 이기심 좀 버립시다.
박소장   뭐? 내가 어쩌다 이렇게 됐는데! 여기 눌러살면서
             관리소장만 15년이야. 여기 한번 지켜보겠다고 몸 바쳐서...
             어?!
금애   아유... 누가 들으면 혼자 다 한 줄 알겠네.
박소장   (방범대를 가리키며) 저렇게 저놈들만 다 챙겨주면,
             나머진 굶어 죽으라는 거야 뭐야.
206호   아저씨. 바깥 상황 모르면 좀 조용히 하세요.

박소장, 바지를 내려 허벅지에 난 상처를 보여준다. 고름이 차 퉁퉁 부어 있다.
"윽." 하며 고개를 돌리는 몇몇 사람들. 방범대를 향해 소리치는 박소장.

박소장   뭐, 조용히 해? 나가서 사람 죽인 게 벼슬이냐? 씨발
             살인마 새끼들아.

명화, 이게 무슨 말인가 싶은데...
눈에 불을 켜고 달려드는 금애.

금애 뭐? 살인마? 그럼 그 바퀴벌레 놈 대신 내 아들이
죽었어야 됐다는 말이야 뭐야. 그렇게 불만이면 나가서
혼자 살든가, 사람 구실도 제대로 못 하는 게 어디서...!

박소장 (금애의 기세에 당황) 뭐... 뭐라 그랬어?

박소장, 문득 자신을 경멸의 눈초리로 바라보는 주민들을 본다.

박소장 (부들부들) 아오 씨발...!

다른 사람을 밀치며 출구 쪽으로 가는 박소장.
그 모습을 보는 명화, 심각한 표정이 된다.

#57
민성, 명화의 집 | 602호 | 아침

주방 쪽. 보급품을 정리 중인 민성. 한눈에 봐도 꽤 많은 양이다.

민성 (번데기 통조림 보여주며) 야 이거 봐라 번데기. 이거
몇 명만 받았어. 흐흐.

소파에 앉아 그런 민성을 보던 명화, 감정 없이 툭-.

명화 ...

민성 그게 아니라... (횡설수설) 사고가 있긴 있었는데,
지혁이 알지? 암튼... 걔가 어떤 사람한테 잡혀가지고
죽을 뻔했는데... 그게... 응? 그러니까...

명화 ...

민성 (불안한 눈빛) 안 죽었을 거야. 아니 안 죽었어.
(확신하며) 응.

103

민성을 가만히 보는 명화.

> 민성　　왜 그런 눈으로 봐. 지혁이가 죽을 뻔했다니까? 지혁이!
> 　　　　지혁이 알지?
> 명화　　...앞으로 수색인지 뭔지 안 나갔으면 좋겠어.
> 민성　　뭐...? (명화 쳐다보자) 아니... 다 나가는데 어떻게 그래...

일어나 주방 쪽으로 가는 명화. 민성이 정리하던 보급품을 정리한다.

> 명화　　이기적이라고 욕하든 말든 상관없어. 내가 받는
> 　　　　배급량으로도 충분해.
> 민성　　명화야...
> 명화　　(민성 보며) 다른 사람은 몰라도 나는 알잖아.
> 　　　　김민성 너 그렇게 남 해치고도 맘 편할 수 있는 그런 사람
> 　　　　못 돼. 망가져.
> 민성　　아니 그래도...
> 명화　　그리고 막말로 오빠 나갔다가 잘못되면 어떡해.

잠시 명화를 쳐다보다가 이내 명화의 시선을 피하고 생각에 빠진 민성,
복잡한 심경이다.

#58
8층 복도 | 아침

스티로폼 화분을 든 명화, 809호 문을 두드린다.
현관문을 여는 도균. 명화가 넘겨주는 화분을 인사하며 받아 든다.
주몽이가 고개를 내밀자 안으로 집어넣는 도균.
문을 닫고 돌아서는 명화, 뭔가 시선을 느끼고 그쪽을 보는데 영탁이다.
무덤덤하게 눈인사하는 명화, 의연하게 복도를 걸어간다.

난간에 기대선 영탁, 담배 연기를 한번 '후-'. 이내 발자국 소리에 돌아보는,

      영탁   배급 받아오는 길인가 봐요.

배급품을 받아 돌아오던 혜원, 영탁을 발견하곤 멈칫 서 있다.

      혜원   ...네.

어색한 침묵. 혜원, 이내 자기 집 문을 열고 들어선다.
문이 닫히려는데, 턱! 하고 발로 현관문을 잡는 영탁.
놀라 돌아보는 혜원.

      영탁   왜 집에 신발을 신고 들어가?
      혜원   ...발 시려서요.
      영탁   내 그럴 줄 알구~ 흐흐...

석유난로와 기름통을 든 영탁, 자연스레 신발을 벗고 혜원 집으로 들어선다.

      영탁   아유 외부인 놈들이 아주 엉망으로 해놨구만.

영탁, 난로를 둘 곳을 찾는 척하며 엉망이 된 집안을 한번 둘러본다.

      영탁   그래도 이 시국에 집이 있다는 게 어디야. 그치.

혜원과 혜원모 사진을 힐긋 보는 영탁, 이내 거실 중간쯤에 자리를 잡으며,

      영탁   이쯤에 두면 되겠지?
      혜원   (경계하는) ...네.

난로를 설치하는 영탁. 혜원과는 등을 진 자세가 된다.

영탁	이거 켜놓고 오랫동안 자리 비우면 안 돼. 작동 중에 기름 넣어도 안 되고, 흐른 거는 항상 잘 닦아주고...

난로에 기름을 넣으며 계속 말하는 영탁. 게이지가 점점 채워진다.

영탁	우리가 바로 옆집인데 왕래가 참 없었어. 그치? 우리 어머니 때문에 시끄러웠을 텐데 이제야 찾아오게 됐네. 902호 할머니 알지?
혜원	네.
영탁	알아? 음...

싸늘하게 식는 영탁의 표정.
영탁이 스위치를 돌리자, 난로에서 나는 타타타 소리. 뻘겋게 불이 올라오는 난로.

영탁	(베란다 창문 열며) 환기시켜야 돼. 다용도실 창문 좀 열어줄래. 추워도 좀 참고.

혜원, 영탁을 한번 본 뒤, 다용도실로 들어가 창문을 연다. 그때 꽤 가까워진 영탁의 목소리.

영탁	근데.

놀란 혜원, 돌아보는데, 이미 다용도실 입구까지 와 있는 영탁. 꽤 가까운 거리.

영탁	어젠 왜 아저씬 기억 안 난다고 그랬어. 우리 본 적 있지 않어?
혜원	...!
영탁	기억나, 안 나.
혜원	...나는 거 같아요.

혜원을 가만히 보는 영탁. 긴장감이 맴돈다.

영탁	그래... 이웃끼리 얼굴도 모르고 지내면 쓰나. (사이)

아저씨 갈게.

끄덕이는 혜원. 이내 나가는 영탁.

#60

진료실 ▌낮

한쪽에서 부루스타에 주전자가 끓고 있다.
진료실이 살롱이라도 된 듯, 피아노 연주를 하고 있는 왕씨아내. 그 뒤로
부녀회원들이 티타임을 갖고 있다. 카스타드에 믹스커피지만, 그럴싸하다.
언뜻 재난 전 같다.
한쪽에 앉은 명화와 혜원. 조금 전 있었던 영탁과의 일을 곰곰이 생각 중인 혜원.

       명화   소염제는 먹었죠?

말없이 끄덕이는 혜원. 그런 혜원을 관찰하듯 살피는 명화.
이내 한쪽에서 생리대를 몇 개 챙기는 명화. 혜원에게 주며,

       명화   다행히 여분이 좀 생겨 갖구...

혜원, 명화를 한번 슬쩍 보고 꾸벅 인사하며 받는다.
그 모습을 힐금 보는 부녀회원.
명화가 혜원의 팔뚝 상처에 소독하고 새로 드레싱을 갈아준다.
명화. 혜원의 엉망인 손을 보다가 문득 네일아트 된 손톱을 발견.

       명화   손톱 예쁘네. 직접 했어요?
       혜원   (끄덕) ...
       명화   와~ 완전 금손이당. 난 한 번도 못 해봤는데, 간호사는
                     안 되거든. (사이) 바깥은 좀 어때?

혜원, 명화를 본다.

       명화   아니 뭐... 혹시 희망이랄 게 있나 해서.

107

혜원, 두 손가락을 나란히 든 후, 무서운 표정을 지으며, 수화로 어떤 단어를 말한다. 정확히 어떤 뜻인지는 몰라도, 좋지 않은 의미라는 게 느껴진다.

>   혜원   ...지옥.

표정이 굳는 명화.

>   혜원   서울역 쪽 어디에 사람들이 모여 산다는 얘긴 들었어요.

연주가 끝나자 박수치는 부녀회원들. "아이 너무 많이 틀렸다~"하며 총총 와서 앉는 왕씨아내. 두두두두... 어깨에 댄 수타식 안마기 때문에 말이 덜덜 떨리는 김포댁.

김포댁	나이스, 나이스.
의료대장	(오씨아내에게) 참기름 남은 것 좀 있어?
오씨아내	네. 좀 이따 갖다드릴게요.
의료대장	(쩝쩝) 방범대가 힘들어서 그렇지 좋긴 좋아요.
왕씨아내	목숨 걸고 나가는데, 이 정도는 당연하죠. 놀고먹는 사람 천진데.
김포댁	이그~ 그 얘기가 아닌 거 같은데? 우리끼리니까 하는 얘긴데... 수색 나갔다 오는 날엔 아주 그냥...! 어후...! (고개를 절레절레) 이러다 둘째 생길까 봐 무서워 죽겠다니까!
일동	까르르륵~
김포댁	말이 나와서 말인데, 무임승차 너무 많은 거 아니에요? 하는 일두 없이 배급만 받아가고. 이 댁은 좋겠어요. 와이프는 의사쌤이구. 남편은 씻은 배추마냥 생겨가지구, 의외로 용감하대!? 호호호... 보급두 상당하죠?
명화	(픽-) 그래봤자죠. 다 망했는데요.
왕씨아내	(혜원을 보며) 엄마는 찾아봤니?
의료대장	(눈치 주며) 뭐 그런 걸 물어봐~
왕씨아내	응? 아니 왜요?
혜원	(감정 없이 툭-) 살아있으면 돌아오겠죠.

김포댁	아이고. 딸이 무슨 말을 그렇게 해. 걱정도 안 돼?
혜원	(발끈) 밖에 나가보신 적 없어요?
김포댁	(당황) ...음?
혜원	다들 이상하게 희망적이신 거 같아서요. 바로 이 앞만 해도 얼어죽은 사람 천지던데.

갑자기 분위기 싸해지는 진료실. 긴장하는 명화.

김포댁	이 아가씨가 이상한 말을 하네.
왕씨아내	그... 그래! 너는 무슨 우리가 뭐 죽이기라도 했다는 거예요?!
혜원	(왜 이러나 싶은) ...?
김포댁	어머머 저저 표정 좀 봐!
혜원	원래 이렇게 생겼어요. 절이라도 할까요?
김포댁	(일어나며) 남들 개고생해서 닦아놓은 자리에 손 하나 까딱 안 하고 주민입네 들어와서는...!
명화	(일어나 말리며) 그만들 하세요.
김포댁	야. 여기는 선택받은 사람들만 있는 곳이야. 밖에서 어떻게 굴러먹다 들어왔는지 몰라도 우리가 받아줬잖아? 그럼 고마운 줄 알아야지.
혜원	받아주긴 뭘 받아줘, 내가 내 집 들어온 건데.
의료대장	엄마는 착했는데 딸내미가 싸가지가 없네.
혜원	(돌아 일어나며) 아 씨발, 나한테 다들 왜 지랄이야. 진짜!
김포댁	뭐라고!? 너 지금 뭐라고 그랬어! 씨발? 지라알~?
명화	뭐 하시는 거예요, 다들...!!

휙- 나가버리는 혜원.

#61

영탁의 집 | 902호 | 낮

버너에 죽 끓이고 있는 영탁의 뒷모습. 뭔가 골똘히 생각 중이다.

영탁모의 입을 벌려서 죽을 먹이는 영탁.

"으으..." 괴로워하는 영탁모. 이내 '퉤!' 뱉어버리곤 영탁을 매섭게 노려본다.

말없이 영탁모의 지저분해진 입가를 닦아주는 영탁.

덜덜 떠는 영탁모, 문득 영탁 너머 어딘가를 본다.

영탁, 문득 거울을 보는데, 죽은 남자가 입을 벌리고 서 있다.

흠칫 돌아보는 영탁. 아무것도 없다.

영탁   (다시 앞을 보며) 어쩌겠어요. 내가 아들이다...
                     생각하셔야지.

#62
외부계단 ┃ 낮

외부계단을 올라가는 혜원을 따라가는 명화.

명화   혜원씨.

혜원   (다소 격해진) 여기 다 맛탱이 간 거 같아요. 저 아줌마들도
                그렇고, 그 대표라는 사람은 뭐 하는 거예요?

명화   ...?

혜원   원래 옆집에 미친놈이 살아서 기억하는데, 그 아저씨 옆집
                사람 아니거든요.

명화   그게 무슨 말이야...?

그때 바깥이 시끌벅적해지며 방범대원 몇이 아파트를 향해 뛰어 들어온다.

난간 너머를 보는 명화.

#63
아파트 입구 ┃ 낮

바리케이드를 보수하고 있는 민성과 대원들 몇.

일을 하고는 있지만, 명화와의 대화를 곱씹는 듯 멍해 보인다.

그때 아파트 안으로 급하게 뛰어 들어가는 방범대원들 몇.
심상찮은 일이 생겼음을 직감하는 민성.

#64
영탁의 집 | 902호 | 낮

현관문 쪽을 향해 돌아보는 영탁.

#65
아파트 단지 입구 | 낮

아파트 입구를 통해 밖으로 나오는 영탁, 민성. 저만치 앞에 사람들이 모여 있다.
보면... 쏟아진 금이빨들. 방범1. 벗겨진 몸과 벽에,

A.P.T 니들은 제명에 복망산천 못 갈 것이다

라고 붉은 락카로 쓰여 있다. 울고 있는 여자와 곡하는 노파.
"밖에 나가지 말라고 그렇게 말했구만."(개량한복), "바퀴벌레들이 여
바로 앞까지 온단 거잖아요."(방범4), "씨벌...복수를 이런 식으로 하나."(방범3)
시신을 내려다보는 영탁, 민성을 비롯한 방범대원들.
곡하는 노파를 가만히 보는 영탁. 죽은 아들 손을 잡고 있다.

인서트

'김혜자 미용실' 건너편에 차를 대놓고 있는 영탁. 아내와 딸이 보인다.
예전과는 다르게 차에서 내리는 영탁. 자신의 가족을 향해 걸어간다.
걷고 있는 영탁. 배경이 폐허로 바뀌어 있다. 영탁 앞에 다 무너진 상가에서
불꽃이 피어오르고 있다. 그 앞에 선 영탁. 망연자실.
잔해 더미를 들어 올리려고 안간힘을 쓰는 영탁. 부서진 '김혜자 미용실' 간판.
반쯤 타버린 교복을 입은 시체의 팔을 발견한 영탁, 소리는 들리지 않지만
그 손을 잡고 절규한다.

어디론가 성큼성큼 걷기 시작하는 영탁. 우르르- 그 뒤를 따르는 대원들.

시신의 충격적인 모습에 민성은 차마 그 뒤를 따르지 못한다.

영탁   이 시간 이후로 아파트 출입 철저히 단속하고, 내부 보초
              인원 숫자도 늘리세요. 다들 정신 똑바로 차려요. 바퀴벌레
              새끼들 다 잡아 족쳐야 되니까.

저만치 무슨 일인가 하며 나오던 명화와 9층에서 이쪽을 내려다보는
혜원을 발견한 영탁.
두 사람을 무서운 눈빛으로 슥 노려보곤 아파트로 향한다.

#66
도균의 집 | 809호 | 낮

화분 바닥에 숨겨져 있는 음식들. 허겁지겁 음식을 입에 밀어 넣는
주몽모자와 4인 가족. 뭔가 서로서로 챙겨주는 분위기. 도균, 뭔가 생각난 듯,
주머니 뒤적뒤적,

도균   짠. (뭔가를 꺼내주며) 이거 너 주라더라.

아기상어 사인펜이다. 신나서 받아 드는 주몽, 바닥에 누워 낙서를 시작한다.
그때, 쾅쾅쾅-! 문 두드리는 소리. 도균, 현관문 쪽을 본다.
다들 다급한 상황임을 인지한 듯, 획-획- 눈이 마주치는 도균과 사람들.

조심스럽게 도어뷰로 밖을 보는 도균. 아무도 없다.
뭐지 싶어 귀를 가져다 대는데 순간, 쾅!! "허헉!" 하고 놀라 뒷걸음질하는 도균.

영탁 소리   어, 계시는구나. 잠깐 문 좀 열어보세요.

문을 여는 도균. 할머니 지팡이를 든 영탁과 방범대원들이다.
집 안에 들어선 영탁, 아무도 없는 거실로 들어선 뒤 베란다 안쪽도 본다.

영탁   아이고~ 뭐 드시고 계셨구나~ 미안합니다.
도균   대표님... 왜 그러시는데요.

112

영탁, 반쯤 남은 통조림을 주워 들더니, 탁! 까서 손으로 먹기 시작한다.
번데기다.
"고춧가루 없나..." 하며 두리번거리는 영탁.

　　　　영탁　　　제가 군인 때려치고 나서, 살면서 안 해본 일이 없거든요?
　　　　　　　　사업도 몇 개 말아먹어 보고, 택배에, 노가다도 뛰고...
　　　　도균　　　아... 네... 고생 많으셨겠네요...

최대한 아무렇지도 않은 척하는 도균. 하지만 심장이 터질 듯 뛴다.
손가락 쭉쭉 빨아먹으며 먹는 영탁, 실실 둘러보다가, 안방으로 들어가는 영탁.

　　　　영탁　　　고생 많이 했죠. 그땐 세상이 나한테 왜 이러나 그랬는데...
　　　　　　　　나중에 보니까 그게 다 자산이더라고, 자산...

베란다 창문 열고 본 뒤, 이내 옷장 앞에 선 영탁.
긴장한 표정으로 영탁을 주시하는 도균.

　　　　영탁　　　사람을 가만히 보면 그 느낌이~ 쫘~악~ 와요. 이 사람이
　　　　　　　　날 속이는지 안 속이는지 걍 몸이 반응해.

영탁, 옷장 문을 여는데...! 아무것도 없다. "흠..." 하며 이내 침대에 걸터앉는 영탁.
극도로 긴장한 표정의 도균. 와서 옷장 문을 닫으며,

　　　　도균　　　그만 가주세요.

외부인들 위에 앉은 영탁, 침대 아래쪽 서랍장을 하나씩 빼보며 계속
말을 이어간다.

　　　　영탁　　　비싼 침대 쓰시네... (두드리며) 프레임도 좋고...
　　　　　　　　내가 가구 공장에서도 일해봤거등요.
　　　　도균　　　감사합니다.
　　　　영탁　　　(뜬금없는 감사 인사에 피식) ...뭐 어디 불편하십니까?
　　　　　　　　땀을 다 그래 흘리고.

도균	말씀드렸잖아요. 몸이 좀... 안 좋다고...
영탁	(마지막으로 휙 둘러보며) 혼자 맞죠? 누가 더 있는 것 같진 않네요.
도균	당연하죠.
영탁	(침대 틀을 만져보며) 남는 가구 있으면 기부나 좀 해주세요
도균	네?
영탁	땔감이 부족해갖구. (통조림 국물 후르륵- 마시는)

그때, "으흡!" 하고 어디선가 주몽엄마의 목소리가 들린다. 정적.

- 침대 밑.
침대 아래에 다닥다닥 누워 덜덜 떨고 있는 외부인들.
지네 한 마리가 주몽엄마의 목을 타고 얼굴로 향한다. 주몽이 엄마의
입을 막고 있다.

국물까지 다 마신 영탁, 그 소리를 들었는지 아닌지 잠시 가만히 앉아있다.
잔뜩 긴장한 도균이 그런 영탁을 지켜본다.

영탁	(끙- 하고 몸을 일으키는) 그러면... 언제 사람들 함 물러다가 가구들 한번 쫙...

도균이 안도의 한숨을 내쉬려는데...

영탁	빼기 전에...!

침대 위 매트리스를 옆으로 확! 밀어내는 영탁.

영탁	...안에 있는 거부터 싹- 다 치워야지.

매트리스가 사라지자 손잡이 달린 상판이 드러난다! 상판을 열어젖히면...
안쪽에 다닥다닥 붙어 숨어있던 외부인들, 겁먹은 표정으로 영탁을 올려다본다.
귀신같은 표정의 영탁.

67

8층 복도 | 저녁

아이 우는 소리와 "제발요!" 악다구니 치는 여자 목소리가 들린다.
뒤늦게 8층에 도착한 민성.
보면, 방범대 몇 명이 주몽 가족을 끌어내고 있다. 이게 무슨 일인가 싶다.
복도 쪽으로 들어서는데, 거칠게 반항하고 있는 도균이 보인다.
오씨, 도균을 발로 차서 쓰러트린다.
영탁에게 한걸음에 다가가는 민성.

>   민성   대표님, 이게 무슨...
>   영탁   ...

난장판이 된 도균의 집 안. 방범대원들 몇 명이 안을 뒤지고 있다.

>   307호   저 새끼 말고도 숨겨주는 새끼들 분명 더 있어. 이참에 다
>   찾아서 족쳐야 돼...!

민성 너머 어딘가를 보는 영탁.
저만치 끌려 나가는 도균 옆으로 겁먹은 표정의 명화가 서 있다.
명화와 눈이 마주치는 영탁, 차가운 표정.
두 사람 사이의 심상찮은 기류를 감지하는 민성.

#68

민성, 명화의 집 | 602호 | 밤

쾅! 거칠게 문을 연 민성, 명화 손을 끌고 들어온다.

>   민성   너 미쳤어? 니가 무슨 짓을 한 지 알아?

대답 없는 명화.

>   민성   그래. 사람 하나라도 더 살리는 게 니 직업이고 마음이고

	너고, 알아. 아는데... 사람이 살다 보면 어쩔 수 없는
	상황이란 게 있는 거야. 지금이 그 어쩔 수 없는 상황이고!
명화	어쩔 수 없다는 게 뭐야. 어쩔 수 없으면 계속 이래도 돼?
	사람이 어떻게 그래!
민성	...
명화	(답답한) 오빠 이상해지고 있어. 지금. 그 대푠가 뭔가 하는
	사람처럼. 나 그 사람 가짜란 말도 들었어.
민성	가짜라니, 뭔 소리야. 누가 그래?
명화	김영탁이 원래 그 집 사람이 아니래.
민성	그니까 누가 그러냐고.
명화	903호 새로 들어온 애.
민성	(어이없는) 야 걔 말을 믿어? 갑자기 어디서 나타난 어린애
	말을 어떻게 믿어?
명화	옆집이잖아...! 뭐라도 알고 있을지도 몰라.
민성	그냥 가만히 있어...!
명화	아니. 가만히 못 있겠어. 뭐라도 해야겠어.
민성	제발 내 말 좀 들어 이제! (감정 누르며) 명화야.
	우리 여기서 쫓겨나면 끝이야. 나 올 때까지 아무도
	문 열어주지 말고 아무 짓도 하지 마, 알았지.

명화를 두고 밖으로 나가버리는 민성.
그런 민성의 뒷모습을 바라보는 명화.

<h2 style="text-align:center">#69</h2>

<h3 style="text-align:center">6층 복도 · 계단 · 1층 로비 ▌밤</h3>

황급히 복도를 나온 민성, 8층 복도 쪽을 보는데 아무도 보이지 않는다.
바로 중앙계단으로 향한다. 그때 아래쪽에서 영탁의 목소리가 들린다.
난간을 잡고 내려가는 손이 보이자, 후다닥 뛰어내려가는 민성.

민성	대표님! 잠깐 드릴 말씀이 있습니다...!

민성을 보지도 않고 계단만 내려가며 말하는 영탁. 그 뒤를 따르는 민성.

116

영탁   이건 제가 혼자 이러쿵저러쿵 결정할 수 있는 문제가
            아니니까, 내일 주민회의에서 얘기하시죠.

그 말에 다급하고 초조한 표정으로 강변하는 민성.

민성   제가 더 열심히 할게요. 예?

대답 없는 영탁.

민성   앞으로 이런 일 절대 없을 테니까... 이번 일은 좀... 예?
            대표님!

1층 로비에 다다랐을 무렵, 민성, 다급한 마음에 영탁의 어깨를 잡고 영탁의
몸을 돌려세운다.

민성   대표님!!

로비에 모여 있던 대원들, 민성의 행동에 당황한 표정들.
차갑게 굳은 영탁.
그런 영탁과 대원들을 본 민성. 갑자기 무릎을 꿇는다. 부들부들 떨며...

민성   시키는 거 뭐든 다 할 테니까. ...부탁드리겠습니다. 제발요.

잠시 민성을 쳐다보는 영탁. 정적이 흐르고.

영탁   민성씨. 남사시럽게... 일어나세요.

일어나지 않는 민성.

민성   (고개를 조아리며) 부탁드리겠습니다. 대표님.
            한 번만 봐주십쇼!
영탁   하아... 다 사람 좋아서 한 일을...

민성과 눈높이를 맞춰 앉는 영탁.

영탁   일어나요 사람들이 봐. 일어나.

민성을 보고 고개를 끄덕거리는 영탁. 민성, 영탁의 손을 잡고 일어난다.

영탁   민성씨.

영탁이 민성의 어깨에 손을 힘 있게 올린다.

영탁   민성씨가 앞으로 더욱 아파트를 위해 힘써주세요.
민성   ...감사합니다.
영탁   우리가 뭘 하든 죄책감 가질 것도 자부심 가질 것도 없어.
             당연한 일 하는 거니까.
             가장이 가족 지키는 거.

#70
색출 몽타주

- 저벅저벅 걷는 민성. 이전과는 눈빛이 다르다. 어느 집 문을 쾅 열고 들어간다.
민성을 따르는 방범대원들. 남자친구를 숨겨 주고 있던 703호 동거녀.
방범대원들에게 "남자친구예요... 부부나 마찬가지라고요!" 반항하는 남자를
가차 없이 끌어내는 민성.
- 로비. 끌려 나가는 동거남. "씨발 나간다고!" 동거남이 거칠게 저항하다가
민방위의 얼굴을 들이받아버린다. 으악! 쓰러지는 민방위. 방범대원들이
달려들어 동거남을 무참히 밟고 때린다.
- 난장판이 된 집. 바닥에 쏟아진 생활 물품들, 밟힌 음식, 발자국 등...
- '네 이웃을 네 몸과 같이 사랑하라'. 나무를 파서 만든 부조가 눈에 띈다.
젊은 부부를 숨겨주고 있던 노부부를 끌어내는 민성과 방범대원들.
- 지하실에 숨어 있다가 끌려 나오는 남자들.
- 만신창이가 되어 아파트 밖으로 쫓겨나는 외부인들.
- 주민회의장에 모인 간부들. 서서 말하는 영탁.

영탁   대부분 알고 계시겠지만 어젯밤, 우리 아파트에
                      불미스러운 일이 있었습니다. 주민 한 분이 집에 바퀴벌레
                      무리를 숨겨주고 있었죠. 307호 조용익씨?

앞으로 나오는 307호. 금애, 자원 상자들을 넘긴다.

영탁   우리 용익씨의 용기 있는 고발로 숨어있던 바퀴벌레를
                      색출해 낼 수 있었습니다. 박수 한 번 주시죠!

- 외부인 숨겨준 집 문마다 빨간 페인트로 표시를 하고 다니는 대원들.
- 주민회의장.
보급품을 환한 얼굴로 받아 드는 307호. 오오- 하며 사람들이 부러워한다.
영탁, 꽤나 강경한 어조로 말한다.

영탁   우리의 아버지들과 아들들이 목숨 걸고 구해온 것들이
                      외부인 손에 들어가는 것은 막아야 하지 않겠습니까? 우리
                      아파트를 지키기 위해서는...

- 민성, 명화의 집.
손톱에 긁힌 상처에 약을 바르고 있는 민성. 그 너머 침대에 앉아있는 명화.
- 도균의 집 앞.
현관 앞에 서서 의료용품을 넘기는 명화. 맞은편의 도균.

도균   ...양심이라는 게 있어도 문제, 없어도 문제예요. 그쵸?
명화   ...

힐금거리며 감시하듯 이쪽을 보는 왕씨, 왕씨아내. 도균, 의식한 듯.

도균   얼른 가세요. 괜히 나서지 말고요.

- 주민회의장.

영탁   주민들이 스스로 나서야 돼요. 이제부터 외부인을 고발한

주민은, 적절한 보상을 받게 될 겁니다.

- 도균의 집.
떨리는 손으로 화분에 물을 주고 있는 도균.
- 도균의 집 앞.
문 닫히면, 809호 현관문. 혐오 낙서와 쓰레기들, 깨진 유리... 누가 봐도
왕따당하는 집이다.
- 난장판이 된 여러 집들.
- 외부계단 · 외부계단 앞.
오물을 버리러 나온 도균, 시선 정면 고정한 채 걷는다. 사람들의 따가운 시선.
1층으로 나와 걷는데... 그때 갑자기, 다리를 거는 10대 방범대1,2.
도균. 엎어지며 똥 봉투를 떨어뜨린다.

　　　　정우 소리　　　씨발노마!

어디선가 달려온 정우, 도균에게 이단 옆차기를 날린다.
바닥에 쏟아진 똥이 도균 몸 여기저기에 묻는다.
쓰러진 도균을 때리고 있는 정우. 그런 정우를 말리지 않는 주민들.

　　　　정우　　　　오졌냐?!(퍽) 지렸냐?!(퍽) 씹새끼야!(퍽)

- 9층 복도.
난간 너머로 그 모습을 보는 혜원, 이내 돌아서서 자기 집 문에 쓰인 뭔가를
바라본다. 붉은 글씨로,

　　　　　　　바퀴벌레

글자를 가만히 보는 혜원. 두려운 얼굴로 사방을 두리번거린다.
화면 멀어지면 점처럼 작게 보이는 혜원, 층층이 위아래로 쌓인 콘크리트
복도에 갇힌 듯 보인다.

아파트 주민들이 모여 있다. 무슨 일인가 싶어 웅성웅성, 어수선하다.
민성을 비롯한 대원들에게 붙잡혀 나오는 주민들 열댓 명.
외부인들을 숨겨줬다 걸린 사람들이다.
가족 단위로 붙잡힌 그룹도 있다. 붙잡힌 사람들 앞을 지나는 고발자들,
그들의 눈을 피한다.
주민들 사이의 명화, 문득 앞쪽에 선 민성을 본다. 명화 눈을 피하는 민성.
영탁이 확성기를 넘겨받는다.

영탁   흠흠, 여러 주민 여러분들의 협조로, 아파트 내부의
             방역을 완료했습니다. 오늘 이후로 진짜 아파트 사람만
             남은 겁니다. 이 아파트 원래 이름이 뭔지 아십니까?
             한강아파트. 한강이 눈앞에 쫘악 펼쳐진, 한강의 기적을
             상징하는 최고의 아파트! 우리는 다시 기적을 경험하고
             있어요. 온 세상이 박살 난 지금, 우리는 지붕 아래서 자고
             먹습니다! 이게 기적이 아니면 뭡니까? 미라클...!

집중하는 주민들.

영탁   여러분이 저를 주민 대표로 뽑아 주셨을 때 저는
             다짐했습니다. 시바 다 됐고! 우리 주민들! 내 가족만큼은
             절대로 지키자! 따순 밥 먹고 다리 뻗고 자게 하자!
             아파트라는 이름 아래 하나로 똘똘 뭉치는 한, 우리는
             절대로 이깁니다!

영탁, 붙잡혀 나온 주민들을 가리키며.

영탁   뭉쳐도 모자랄 판국에 룰을 어기고 자기 생각대로만
             움직이는 사람. 다 죽자는 사람들을 어떻게 믿고 함께
             살아갈 수 있을까요?! (사이) 그러나. 잘못을 저질렀다 해도
             주민 아닙니까. 가족을 버릴 순 없겠죠. 대신...!

121

일동   ...?

– 주민회의장.
뭔가를 의논 중인 주민들.

오씨   백 번?
왕씨   에이... 삼백 번은 해야 하지 않을까요?

다들 영탁 보면...

영탁   음... 이백 번으로 하죠.

– 중정.
외부인들을 숨겨줬던 주민들, 나무 아래 꿇어앉은 채, 자아비판 하듯
아파트를 향해 소리친다. 방범대였던 사람도 있다. 만신창이가 되어 소리치는
부모를 보고 엉엉 우는 아이.

숨겨준 이들   잘못했습니다!! 잘못했습니다!! 잘못했습니다!!
                    잘못했습니다!!

보기가 힘든 듯 고개를 숙이는 주민들도 보인다.
"아이구. 저렇게까지 해야 돼?"(의료대장)
한편 명화 뒤쪽의 정우 패거리는 그 모습을 보고 낄낄거린다.

정우   병신새끼들, 고고한 척하더니만 나가라고 하니까
             껌뻑 죽어서는...

아파트에 울려 퍼지는 "잘못했습니다!" 소리. 괴로워하고 있는 명화.

명화   다들 미쳤어...

영탁, 오씨에게 말한다.

영탁	809호는 안 보이네요?
오씨	그게... 그 새끼가 끝까지 문을 안 여네요.

그때, 사람들, 다들 위쪽 어딘가를 보며 웅성거린다.
보면, 8층 복도 난간에 누군가 서 있다. 도균이다. 복도 이만치에서 다가가지 못하는 방범대원들 몇.

도균	그만해라! 이 짐승만도 못한 새끼들아!!! 사람끼리
	그러면 안 되는 거다!! 아무리 세상이 이 지경이 됐어도
	해도 될 일이 있고 아닌 일이 있는 거야!!!

위쪽을 보는 영탁, 민성, 명화, 혜원.

– 8층 복도.
도균, 눈물을 주륵- 흘리며...

도균	내가 지옥 가서도 니들 지켜볼게. 잘 먹고 잘 사는지...

명화, 사람들 사이를 헤치고 도균 아래쪽으로 걸어가는데...
순간, 명화 앞으로 떨어지는 무언가 검은 형체...!
퍽-!
둔탁한 파열음과 함께 명화 얼굴에 피가 튄다. 그대로 얼어붙는 명화.
"뭐야, 뭐야?" 하며 이쪽으로 오는 주민들.
민성 너머로 보이는 나무가 바람에 미친 듯 흔들린다. 그 아래 우두커니 선 영탁.
공포에 질린 표정으로 도균 시체를 보는 혜원. 구경하려는 사람들에 밀려
보이지 않게 된다.
주민들, "끔찍해라", "에이, 뭐야... 재수없게시리..."
민성, 영탁 쪽을 돌아보면... 도균의 시체를 가만히 보고 선 영탁.

#72

아파트 인근2 | 낮

구름 사이로 오랜만에 해가 얼굴을 내민다. 그 핏빛 태양 앞을 지나는 검은 연기.

도균의 시체를 태우고 있다. 그 앞에 선 명화, 혜원.
저만치 떨어져 있는 민성.
보초를 서는 방범대원들. 담배 피우며 대화 중이다.

1004호	(큿큿) 사람 타는 냄새는 또 처음 맡아보네...
206호	갈치구이 냄새난다.
307호	이거 809호 시체 말이에요. 왜 태우는 줄 아세요?
방범들	...?
307호	전에 쓰레기장에 버린 시체들 있잖아요. 싹- 없어졌잖아요. 그거 다 바퀴벌레 놈들이 가져다가... (그다음 알겠지? 라는 듯 고개를 끄덕)
1004호	(질색) 으... 끔찍한 새끼들.

불길 앞에 선 명화. 금방이라도 눈물이 터질 듯한데, 애써 참아낸다.
그런 명화를 바라보는 민성.

#73
아파트 중정 | 낮

도균을 태운 연기가 나는 쪽을 보고 선 영탁.
담배를 든 손을 입에 가져가려는데, 문득 떨리고 있는 손을 발견한다.
가만 보면 손만 떨리는 것이 아니라 땅이 흔들리고 있다...!
휙- 돌아보는 영탁, 기울어진 104동에서 각종 가구며, 창문 가재도구들이
나뭇가지들과 함께 떨어지는 중이다. 겁에 질려 아파트에서 쏟아져
나오는 사람들.
쿠구궁...!
지진 때 들렸던 소리다. 곧장 로비로 뛰어 들어가는 영탁.

영탁   빨리 나가요!

사람들을 내보내던 중, 이번엔 절벽 쪽에서, 우르르 쾅! 돌무더기가
쏟아지는 소리가 난다.
뒷문으로 뛰어나가는 영탁, 절벽에서 떨어진 돌덩이들이 우물에 박혀 있다.

경직된 표정으로 그쪽을 보던 영탁과 주민들,
이번엔 뒤에서 들리는 우르르릉! 소리에 돌아보는 영탁.
이내 다들 뭔가를 보고 입을 다물지 못한다.

#74
아파트 인근2 ┃ 낮

지진에 놀라 아파트 쪽을 보고 있는 민성, 방범대원들.
갑자기 단지 안에서 "와아아" 환호성이 들린다.
아파트 쪽에서 달려온 누군가, "물이다 물!!" 소리친다.
타고 있는 도균 시체 너머로 보이는 명화. 그 너머로 아파트 쪽으로 향하는
주민들 보인다.

#75
화단 ┃ 낮

"뭐야, 왜 저기서 나와?"(개량한복),
"무슨 상관이야. 어디서든 나오면 그만이지!"(정여사)
박수를 치며 좋아하는 주민들. 하늘을 향해 기도하는 사람도 보인다.
영탁도 놀란 기색이지만, 이내 허허 웃으며, 인부들에게 "수고했다." 하며
일일이 악수를 건넨다.
아이들이 입을 대고 물을 벌컥벌컥 마셔대자,
"고이기도 전에 마르겠네!"(금애) 하며 어른들이 즐거워한다.
물통들을 가지고 달려드는 사람들. 마치 낙원 같아 보인다.

#76
아파트 인근2 ┃ 낮

가만히 아파트 쪽을 보던 명화, 뭔가 결심한 표정으로 혜원을 향해 돌아보며,

명화	혜원씨.
혜원	...네?
명화	그때 했던 대표 관련된 얘기 다시 해줄래? 자세히.

명화를 보는 혜원.

#77

영탁의 집 ▌ 902호 앞 ▌ 과거 ▌ 낮

받는 사람 '김영탁'이라고 쓰인 택배 상자.
이름과 호수를 다시 확인하는 혜원. 이내 902호 벨을 누른다.

      남자   누구세요?

문을 여는 남자, 앞서 영탁에게 살해된 진짜 김영탁이다.
택배 상자를 내미는 혜원.

      혜원   김영탁씨 맞나요?
      남자   맞는데?
      혜원   (빈정상한) ...옆집인데, 택배가 잘못 온 거 같아서요.

말없이 받아 드는 남자, 혜원 얼굴 빤히 보다가, 혜원 집 번갈아 보곤,

      남자   (미소) 옆집에 이렇게 이쁜 아가씨가 있었네?

얼굴을 찌푸리며 남자를 노려보는 혜원. 그때, 집 안쪽에서,

      영탁모 소리   영탁아! 밥 줘!! 영탁아 밥!!
      남자   어 엄마~!

'쾅!' 하고 현관문 닫힌다.
화가 머리끝까지 난 혜원. 902호 문을 쾅! 찬다.
화면 밖으로 나가는 혜원, 이내 복도 난간 바깥을 비추는 화면.
현재의 폐허로 변한다. 저만치에서 혜원과 걸어 올라오는 명화.

      혜원   근데... 제가 자기 정체 아는 거 알아요. 그 사람도.

78

화단·중정·로비 ▌낮

- 중정.
마치 아파트와 맞짱 뜨듯 성큼성큼 그쪽을 향해 걸어가는 명화와 혜원.

- 화단.
주민들, 남녀노소 다 같이 물이 나오는 곳에 모여든다.
각자 집에서 가지고 나온 큰 대야며, 각종 통에 물을 담기 시작한다.

- 로비.
사람들을 안내하는 영탁. 문득, 로비로 들어서는 명화와 혜원을 발견한다.
순간적으로 명화와 눈이 마주치는데...
자신을 보는 명화의 눈빛이 뭔가 달라졌음을 직감한다.
돌아서 가는 명화와 혜원을 서슬 퍼렇게 보는 영탁.
그 앞을 바삐 지나는 주민들의 실루엣 때문에 점점 가려지는 영탁의 얼굴.
동시에 점점 뭉개지는 소리.

외부 어딘가 ▌밤

어딘가 어두운 곳. 모닥불 앞에 무서운 이야기하듯 모여 있는 노숙자들.
후후- 불며 고기 국물을 떠먹고 있다. 원래 네 명이었는데 한 명이 줄어
세 명이다.

노숙자1	야... 전에 내가 말한 적 있지. 거기 아파트.
노숙자2	들었어요. 사람을 생으로 먹는다고... 쩝쩝...
노숙자3	(절레절레) 며칠 전에도 비명 들리드만... 쩝쩝...
노숙자2	균 없나? 그 살모넬라. 쩝쩝...
노숙자1	원래 인간은 사회적 동물이라 그렇게 당하고는 절대 못 살아.
노숙자2	그럼?
노숙자1	옛날에 러시아에서 이런 일이 있었어. 일명 야코프스키 봉기.

진지하게 말을 시작하는 노숙자1. 말하는 동안 배경으로 러시아어로 들리는 사람들의 비명소리, 칼싸움 소리, 함성소리, 뭔가를 불태우는 소리 등이 들린다.

노숙자1   1732년 노비보르스크라는 도시에서 일어난 일인데, 원래도 그쪽이 존나게 춥잖냐. 근데 기상이변으로 더 추워진 거야. 농작물들이 씨가 싹 마른 거지. 그러다가 귀족 지주 놈들이 먹을 게 떨어지니까 자기네 영토 농노들을 잡아먹기 시작한 거야. 농노들 대부분이 지주들 밥이 됐는데, 한 사람이 기적적으로 탈출했지. 그 이름이 바로 게오르기 야코프스키... 이 사람이 인근 지역 농노들을 싹 다 모아서 봉기를 일으켰어. 그 봉기는 성공했고, 어떤 식으로 복수를 했냐면, 지주들을 잡아놓고 그놈들 자식들을 요리로 내놓은 거야. 먹은 놈은 살려주고, 안 먹은 놈은 다 태워 죽이고.

노숙자2   진짜야? 구라 같은데.

노숙자1   ...역사는 반복되는 법이야.

눈치 없이 고기 국물을 혼자 거의 다 먹다시피 하는 노숙자3을 노려보는 노숙자1,2.

#80
배급소 ┃ 아침

비어 있는 창고를 보며 금애가 닦달하는 중이다.

금애   이거 가지고는 일주일도 못 버텨요! 너무 퍼줬어~!

혼자 떨어져 골똘히 딴생각에 빠져 있는 영탁.
따각, 따각 바둑알 부딪히는 소리가 유난히 크게 들린다.

금애   이제 어쩔 거예요. 다들 혓바닥이 두꺼워져서 보급품 줄이면 난리들 칠 텐데~

오씨   ...근방에 있을 만한 덴 탈탈 털었어요. 이 이상 우리더러

| | 어쩌라고요. |
| 금애 | 그걸 왜 나한테 물어? 자기들이 알아서 해야지. 그게 자기들 역할 아니야? (영탁 보며) 대표님! |

무표정한 얼굴의 영탁. 주머니에 뭔가 잡혀 꺼내보면 깨진 바둑알이다.

금애	대표님!
영탁	(무표정하게) 어떻게 해야죠.
금애	아니 그러니까, 어떻게 해결을 하실 거냐구요. 해결을!

영탁, '해결'이라는 단어에 과거의 버튼이 눌린 듯.

| 영탁 | (싸늘하게 바라보며) 주둥이만 나불대서 해결될 일이면 쉽게요. |

놀라 멈칫하는 금애.

| 영탁 | (웃으며) 걱정하지 마세요. 다 생각이 있으니까. |

밖으로 나가는 영탁. 방범대원들이 뒤를 따른다.
금애. 부들부들... 그런 금애 눈치를 보는 부녀회원들.

#81
민성, 명화의 집 · 집 앞 | 602호 | 새벽

민성을 보고 서 있는 명화. 민성은 원정 나갈 준비를 하며 대화를 이어 나간다.

| 명화 | 제발... 오빠 내 말 듣고 있어? 그 김영탁 대표... |
| 민성 | (말 끊는. 지친 표정으로) 명화야 미안해. 갔다 올게. 피곤할 텐데 쉬고 있어. |

할 말을 잃은 명화.
상기된 채 현관을 나서는 민성. 집 앞에 서 있던 혜원을 발견한다.

명화를 찾아온 모양이다.

방금 논쟁을 들었는지, 고개 숙인 채, 민성의 눈치를 보는 혜원.

민성, 혜원에게 무슨 말을 하려다 말고는, 문을 쿵 닫고 슥 지나간다.

#82

아파트 중정 | 새벽

명화 집으로 들어가는 혜원을 보고 있는 누군가의 시선.

화면 쪽으로 다가오는 오씨.

> 오씨 　　 준비 다 됐습니다.

일어나는 시선의 주인공, 영탁이다.

> 영탁 　　 (담배를 툭툭 털며) 가 볼까요.

#83

서울숲 · 한강 근방 · 현대아파트 | 아침

안개가 자욱한 숲속을 걷고 있는 대원들.

고층 건물들이 숲 쪽으로 쓰러져 난장판이 된 모습.

한참을 걸어, 길 끝에 다다르면, 늪지대가 된 한강.

엿가락처럼 휘어져 끊어진 한강 다리가 보인다.

민성, 한강 너머를 보면... 마천루들이 즐비하던 강남 쪽의 스카이라인이

기괴하게 무너져 있다.

그 위로 자조하는 대원들의 목소리들.

> 1004호 　　 이야... 강남불패라고 지랄 염병을 떨더니 속이 시원하다!
> 방범3 　　 이럴 때 깃발 꽂아야 되는데~
> 1004호 　　 (피식) 꽂든가...

아무렇게나 쌓인 오리배들, 죽은 채 얼어붙은 동물들도 보인다.

뒤쪽에서 "아이구 다리야."(양사장), "어디까지 가는 거지."(고시생),

"돌아가는 것도 한참이겠네."(양사장) 하는 볼멘소리들.
앞장서는 영탁의 뒷모습을 보는 민성.

206호   이거 계속 가도 되는 거야? 뭔가 좀 그런데...
민방위   오늘따라 대표님 상태가 좀 너덜너덜하지 않아요? 눈깔이
         시뻘건 게... 잠도 못 잔 거 같고. 민성씨 어떻게 생각해요?
민성   ...무슨 말이 듣고 싶은데요. 시키는 거나 제대로 해요.

조용해지는 대원들. 생각에 빠진 민성.

도미노마냥 쓰러져 있는 현대아파트.
삼분의 이 이상 아파트를 집어삼킨 흙무더기 때문에 상층부만 드러나 있다.
그 옆을 지나는 대원들.

#84
백화점 입구 | 낮

건물 가운데가 쪼개져 마치 협곡이 된 모양새의 백화점.
그 가운데로 길이 나 있다.
기괴하게 무너진 건물과 잔해에 깔린 시신들이 주는 위협도 위협이지만,
마치 금방이라도 뭐가 튀어나올 것 같은 분위기가 대원들을 압도한다.
"여기 너무 위험한 거 아냐.", "와 씨..." 하며 영탁의 눈치를 살피는 대원들.
민성도 침을 꿀꺽 삼키며 영탁을 보는데...
안쪽을 가만히 주시하던 영탁, 단호한 표정으로 앞장선다. 이어 뒤를 따르는 민성.
불안한 표정으로 두 사람을 따르는 대원들. 커다란 크리스마스트리며,
화장품, 명품 광고사진, 마네킹, 각종 세일 문구 등이 보인다.
건물 사이를 다 지나자, 무언가 긁어낸 것마냥 처참하게 파헤쳐진 백화점
안쪽 풍경이 드러난다.

#85
에스컬레이터 앞 | 낮

'쾅광!' 하며 뭔가를 치우는 소리가 난다.

보면... 잔해 사이로 보이는 에스컬레이터와 'B1 푸드마켓' 표시판.

　　　　1004호　　　(안쪽을 보며) 오오 푸드코트...!

영탁, 곧장 플래시를 비춰본다.
뒤엉켜 죽은 수많은 시체들이 보인다. 아마도 서로 밖으로 나오려다 압사한 듯.
곧바로 "우웩!" 토하는 지혁. 등 두들겨주는 방범.
서로를 보는 대원들. 들어가고 싶지 않은 표정이 역력하다.
분위기를 보던 영탁, 들어가려고 머리에 플래시를 고정하는데, 옆에서
등장한 민성,

　　　　민성　　　제가 들어갈게요.

시체들로 즐비한 통로 안쪽을 비추는 화면, 줌 인 되면 이내 어둠에 휩싸인다.

#86
혜원의 집 (903호) 베란다 · 영탁의 집 (902호) ┃ 낮

'퍽!' 소리와 함께 어둠에 구멍이 뚫린다. 베란다 칸막이다.
너머로 903호 베란다에 망치를 든 명화와 그 뒤로 혜원 보인다.
902호 영탁의 집 베란다로 향한다. 한쪽에 자동차 배터리와 자원들이 쌓여있다.
베란다 창고 문이 열리고 안으로 들어오는 두 사람. 902호 내부를 한번 둘러본다.
웅- 익숙하고 낯선 냉장고 소음이 들려온다. 마치 재난 전의 평범한 가정집을
보는 듯한 모습.

#87
지하 어딘가 ┃ 낮

머리에 헤드 플래시를 단 민성, 안으로 기어 들어가는 중이다.
흔들리는 플래시 불빛에 수많은 시체들이 보였다 안 보였다 한다.
이 악물고 가던 민성. 뭔가를 보고 잠시 멈춘다. 재난 때 구하지 못한
여자의 손과 똑같은 손이다!
놀라 잠시 보는 민성. 갑자기 움찔하고 움직이는 손...!

헤드 랜턴이 깜박이기 시작한다. 민성, 공포심에 미친 듯이 기어서
앞으로 나아간다.
깜박이는 빛 때문에 점멸하듯 보이는 민성...
그리고 시점으로 보이는 시체의 얼굴들.
거의 암전 상태에서 들리는 민성의 거친 숨소리.

#88
영탁의 집 | 902호 | 낮

서랍장을 뒤지고 있는 명화. 뭐라도 찾아내기 위해 영탁의 집을 뒤지는
명화와 혜원. 여기저기 뒤져보지만 딱히 뭐가 나오지 않는다.
이제 남은 곳은 영탁모가 있는 안방. 자연스레 그쪽을 보는 두 사람.
감정이 격해진 명화, 영탁모 방으로 성큼성큼 들어가며 큰 소리로,

        명화   할머니!

놀라는 혜원.
영탁모를 거칠게 흔들어 깨우는 명화. 깨자마자 놀라서 구석으로 가는 영탁모.
영탁모 얼굴 바로 앞까지 가서 어깨를 잡고 쏟아내듯 말하는 명화.

        명화   할머니 아들 어디 있어요. 지금 같이 사는 사람 아들
                  아니죠? 제가 도와드릴게요. 할머니. 정신 좀 차려봐요,
                  제발!!
        영탁모   ...
        명화   내가 아들 찾아줄게. 응?

영탁모, 천천히 명화를 본다.
집중하는 명화의 얼굴.

#89
지하 어딘가 | 낮

땀범벅이 된 민성의 얼굴. 뭔가를 보고 있다. 천장이 내려앉아 앞이 막혀있다.

몸을 돌려 돌아가려던 민성, 문득 발치에 뭔가를 느껴 그쪽을 본다.
신발에 먼지가 살짝 닦인 유리다.
유리 바깥에서 본 화면. 민성의 눈이 보인다. 이내 손으로 닦아내면 얼굴이 보인다.
민성의 시점. 진열대 안, 딸기 생크림 케이크다.

#90
에스컬레이터 앞 ┃ 낮

안에서 쾅! 쾅! 소리가 난다. 안에 대고 소리치는 영탁.

영탁　　　　민성씨! 괜찮은 겁니까?!

#91
영탁의 집 ┃ 902호

영탁모, 뭔가를 말하려고 입을 움찔거린다.
귀를 갖다 대는 명화.

영탁모　　　...배고파요. 엄마...! 배고파요.

한숨을 내쉬는 명화. 포기한 듯 일어선다. 다시 베란다로 향하는 명화, 혜원.
창문 너머로 보이는 두 사람의 실루엣. 차례로 창문 아래쪽으로 사라진다.
그러다 다시 일어서는 실루엣 하나. 가만히 서서 뭔가를 보는 것처럼 보인다.

#92
지하 어딘가 ┃ 낮

유리를 깨고 안으로 들어온 민성. 딸기 생크림 케이크 진열대 너머를 보면...
중간중간 돌무더기가 내려앉은 곳도 있지만, 대체로 멀쩡해 보이는 푸드코트.

영탁의 집 | 902호 | 낮

김치냉장고 위에 쌓인 김치통들. 냉장고가 테이프로 밀봉되어 있다.
구멍 너머로 넘어간 혜원, 멈춰 선 명화를 보고 "왜요?" 한다.
명화, 테잎을 뜯어내고 뚜껑을 연다. 순간 역한 냄새에 얼굴을 찡그리는
명화, 혜원.
안을 보면, 꽃무늬 이불로 뭔가가 덮여 있다. 확 걷어내는 명화.
바닥에 후두둑- 떨어지는 바둑알들.
흠칫 뒤로 물러나는 명화. "우욱!!" 헛구역질하는 혜원.
썩어 문드러진 중년 남자의 시체가 꾸겨진 채 들어가 있다!!
명화, 숨을 크게 한 번 들이마신 뒤, 용기를 내서 시체에 다가간다.
바닥의 바둑알들. 보면, 시체의 입 안에서 나온 것이다. '으...이게 뭐야...' 싶은 명화,
안에 아무렇게나 던져 넣어진 사진 앨범과 지갑. 지갑을 꺼내 열어보면
주민등록증이 있다.
얼굴이 다른 '김영탁', 즉, 앞서 나왔던 902호 남자의 것이다.
골똘히 생각에 빠지는 명화. 화면 가득 차는 902호 남자의 얼굴.

에스컬레이터 앞 | 낮

화면 가득 찬 영탁. 주변으로 자원들을 챙기고 있는 대원들이 보인다.
구멍에서 나오는 민성의 손을 잡아주는 영탁, 고생했다는 눈빛을 보낸다.
영탁과 눈을 마주치는 민성, 복잡했던 여러 상황들이 스쳐 지나간다.

백화점 입구 | 낮

다들 자원을 한가득 챙겨 백화점 입구를 지나는 대원들.
잔해들 사이 머리핀들 몇 개를 발견한 민성. 멀쩡한 것이 있나 뒤져본다.
한 보따리 잔뜩 챙긴 지혁과 정우. 정우가 지혁에게 닌텐도 게임기를 보여준다.

정우   야 이거 봐라. 멀쩡해. 게임도 몇 개 주웠어.

가장 멀쩡한 핀을 하나 챙긴 민성, 후후- 불며 주머니에 넣는 순간,
대열의 후미 쪽에서 쾅! 하는 소리가 난다.
화들짝 놀라 뭔가 싶어 돌아보는 민성과 대원들.
커다란 무언가가 위에서 떨어진 것이다. 위쪽을 보는 대원들.
선두 쪽에 있던 영탁도 무슨 일인가 해서 돌아오는데, 이번엔 출구 쪽에서 쾅!
누군가가 일부러 대원들을 공격하기 위해 가구며 냉장고를 떨어트린 것이다.
앞뒤로 막힌 상황이 된 대원들 순식간에 패닉에 빠진다.
곧이어 화염병 몇 개가 날아온다.

　　　　　영탁　　　　피해!!

뿔뿔이 흩어지는 방범대원들.
그중 하나가 정우를 향해 날아오고, 달려간 지혁. 정우를 밀치는 순간
화염병이 지혁의 등에 퍽!! 꽂힌다. "으아아악!!" 이리저리 날뛰는 지혁.
건물 아래쪽으로 몸을 피한 영탁과 대원들 몇. "저거 어떡해요!" 하며
발만 동동 구르는 대원들.
으아악! 비명을 지르며 타들어 가는 사람들과 자원들을 보는 영탁.
패닉 상태가 돼 버린 민성도 불에 타 죽어가는 사람들을 속절없이 바라본다.
"이것 좀 꺼줘!!!", "으아아악!!", "뜨거워요!!", "도망쳐!!", "살려줘!!"
옆 사람의 불을 꺼주려다가 옮겨붙고, 타들어가는 다리를 붙잡고 뛰어다니며,
미처 피하지 못하고 카트 뒤에 쭈그려 앉는 등. 아비규환이다.
건물 아래쪽으로 몸을 피한 민성과 대원들을 향해 화염병을 던지려는 한 외부인,
탕-! 총에 맞아 아래로 떨어진다.
총을 들고 등장한 영탁, 탕-! 탕-! 위쪽을 향해 총을 쏴댄다.
숨는 외부인들. "씨발 총이다!", "총이 있어?"
잠시 공격이 멈춘 상황에 몸을 피하는 대원들. 지혁 몸에 붙은 불을 끈다.
쓰러져 있는 지혁 앞에서 엉엉 울고 있는 정우. 아이들을 챙기는 민성과 대원들.
지혁을 들쳐업고 나서는 민성.
이내 가까스로 바깥으로 탈출한 영탁과 대원들.

　　　　　민성　　　　지혁아... 지혁아...!

민성 등에 업힌 지혁, 꺽꺽거리며 숨이 넘어가기 시작한다.

급하게 계단을 뛰어 내려오는 주민들. 어딘가를 향해 달려가는 금애.
부상자로 가득한 중정. 여기저기 누워 널브러져 있다.

금애   지혁아! 지혁아! 이게 어떻게 된 거야!? 어!? 지혁아!

화상을 입고 죽어 있는 지혁을 안고 절규하는 금애.
덜덜 떨며 한 걸음 물러나 지혁을 바라보는 정우.

금애   어어, 지혁아. 괜찮아. 괜찮아. 엄마 여깄어. (명화를 보며)
빨리 어떻게 좀 해봐! 빨리! 지혁아!

명화, 절망스럽다.

금애   지혁아! 지혁아!!! 아아아악!!!

"하아..." 괴로워하는 민성, 주변을 둘러보면...
가족을 잃은 또 다른 주민들, 부상자를 옮기는 주민 등.

저만치서 주머니에 손 넣고 가만히 아파트를 지켜보던 박소장, 아파트 입구를
통해 밖으로 나간다.

민방위   ...어디 가세요?

손 내젓고 절뚝이며 나가는 박소장.
무기들을 다시 챙겨 나오는 영탁. 흥분 상태.

영탁   바로 나갑시다. 여자들도 상관없이 모을 수 있는 사람들
다 모아서! 바퀴벌레 새끼들, 본보기 삼아 인근 3km는
탈탈 털어서 얼씬도 못 하게 해야 돼. (민성 보며)
후딱 준비합시다.

멍한 표정으로 영탁을 보는 민성. 미적지근한 반응의 주민들.

영탁   뭐합니까!

금애, 분노에 찬 얼굴로 숨을 몰아쉬더니 일어나 영탁에게 다가가 짜악!
뺨을 후려친다.
순식간에 얼어붙는 중정.

금애   뭐? 다 해결한다고? 생각이 있어? 이게 니가 생각한 거야!?
내 아들 사지로 몰아넣고 죽이는 게 니 생각이었냐고!!!

마구잡이로 영탁을 때리는 금애. 영탁, 가만히 맞고 있다.

금애   너만 아니었으면 우리 지혁이 안 죽었어! 우리 지혁이
살려내... 살려내라고!

주민들이 금애를 뜯어말리는데,

금애   (눈에 독을 품은) 이거 놔아!! 내 아들 죽인 살인마 새끼!!

흠칫하는 영탁, 눈을 부라리며 다가와서, 이 악물며,

영탁   니 아들이 목숨 걸고 나가서 가져온 거 잘도 받아 처먹더니
이제 와서 어디서 지랄이야!

방범대들이 영탁의 눈치를 보며 금애를 끌고 아파트로 들어간다.

금애   놔! 놔 이 새끼들아! 니네도 똑같아! 놔! 놔아아아아아!!!

금애의 발악에 동요하는 주민들.
영탁, 그런 금애 무시하며,

영탁   다들 정신 차려!

명화 소리	...그만하세요!

다들 명화 쪽을 본다.

명화	나가서 사람들 죽이면, 죽은 가족들이 돌아오기라도 해요?
영탁	이게 다 아파트를 위해서야.
명화	아파트를 위하는 게 뭔데. (주위에 부상자들을 보며)
	눈이 있으면 이 상황을 좀 똑바로 봐요.
영탁	그럼 뭐, 밖에서 언제 쳐들어올지 모르는 마당에, 하하호호
	화해라도 하자는 거야?
명화	네. 맞아요. 다 죽기 전에.
영탁	(버럭 소리 지르며) 너 지금 어디에 살고 있어!!

영탁의 고함에 순식간에 얼어붙는다.

영탁	(주민들과 부상자들을 둘러보며) 우리 주민들이 죽었어!
	우리 식구들이! (음식이 쌓인 카트를 보며) 가족들
	맥여 살리겠다고 발버둥 치다가 저 바퀴놈들한테 죽었다고!
	(명화 보며) 곱게 곱게 아파트 안에만 있었으면서
	뭘 안다고 떠들어!
명화	그러다 다 죽으면! 이러다가는 보름도 못 가서 우리도
	저쪽도 다 죽어요. 그럼 아파트고 뭐고 안이고 밖이고, 그게
	대체 무슨 소용인데.
오씨	(달래듯) 쌤, 대표님께 이리 대들면 쓰나.
명화	(발끈, 오씨를 뿌리치며) ...대표?

그때 뭔가를 들고 로비로 나오는 주민들 몇. "잘못했습니다!"를 했던
방범2와, 의료대장 등.
가지고 내려온 것은 영탁 집에 있던 김치냉장고다.
뒤이어 주민에게 업혀 내려와 휠체어에 앉는 영탁모도 보인다.
영탁, 눈빛이 흔들린다. 저게 뭔가 하고 보는 민성, 주민들...
냉장고 옆으로 온 차가운 표정의 명화. 뚜껑을 열어 뭔가를 꺼내 영탁 쪽을
향해 던진다.

139

'툭' 하고 떨어지는 것은 지갑.

명화, 영탁을 계속 노려본다. 뭔가 하고 보는 민성,

명화에게 이게 뭐냐고 묻는 주민들.

> 명화　　　저 사람 집에 있던 시체예요. 거기 민증 보이죠? 김영탁
> 　　　　　저 사람, 원래 살던 사람을 죽이고 주민인 척 살고 있었어요.

"뭐야?", "뭐라고?" 술렁이는 사람들.

슬금슬금 다가오는 주민들, 주민등록증을 돌려보고, 냉장고로 가서

시체를 확인하는 사람들도 있다.

영탁모에게 어떻게 된 건지 묻는 사람들도 있다.

영탁모 "아이쯔다... 아이쯔니 코로사레따...",

김포댁 "여기 일본어 하는 사람 있어요? 뭐래는 거야." 등등...

> 명화　　　주민 수칙 첫 번째. 아파트는 주민의 것이고, 오로지
> 　　　　　주민만이 살 수 있다. 그랬죠 분명히.

민성, 지갑을 빼앗듯 낚아채 본다. 902호 남자. 진짜 김영탁의 주민등록증이다.

> 명화　　　(영탁을 향해) 여기서 나가요.

휙 돌아 저벅저벅 영탁에게 다가가는 민성.

> 206호　　　이게 뭔 일이에요... 대표가 바퀴벌레라는 거?
> 1004호　　씨발 뭔가 이상하다 했어.
> 부동산　　그냥 이름 같은 사람일 수도 있잖아요.
> 임부장　　주소가 여기로 돼 있잖아.
> 개량한복　(민증 사진 보며) 대표 같기도 한데... 나만 비슷하게 보이나?
> 정여사　　(뭔 헛소리냐는 듯) 다른 사람이구만.
> 김포댁　　저 여자가 809호가 바퀴놈들 숨겨줄 때도 도와줬다며.
> 　　　　　믿을 수 있는 거야?

영탁 바로 앞에 선 민성. 핏발이 잔뜩 선 영탁,

민성   어떻게 된 겁니까? 뭐라고 말 좀 해봐요. (영탁 어깨를
                    쥐어 잡으며) 말 좀 해보라고요!

민성의 손을 뿌리치는 영탁,

영탁   (호통치듯) 내가 김영탁이야!!

황당해하는 민성, 명화. 술렁이는 주민들. 혜원 옆의 영탁모도 영탁 쪽을 본다.

영탁   내가 김영탁이라고!!!! 집도 등기만 여기로 안 돼
                    있을 뿐이지, 내 집이나 다름없어. 집값도 다 냈는데,
                    (냉장고 가리키며) 저 씨발 사기꾼 새끼가 사기를
                    쳤다고!! 어?!

화가 치밀어 오르며 울컥하는 영탁. 만감이 교차한다.

영탁   내가 여기 목숨을 바쳤어! 아파트에! 당신들 다 가족으로
                    생각해서 핏물이고 오물이고 다 대신 뒤집어썼다고!
                    나 아니었으면 벌써 다 죽었을 것들이 이제 와서 뭐?!

냉장고 문을 탁! 닫는 영탁.

영탁   내가 902호! 김영탁이야!!

퍽! 영탁에게 와서 맞는 돌멩이. 금애가 던진 것.

금애   죽어!!!!!

눈이 돌아 그쪽을 노려보는 영탁.

금애   죽으라구!! 내가 너 그럴 줄 알았어! 개새끼!! 이 바퀴벌레
                    새끼!!!!

갑자기 봇물 터지듯 모든 원망을 영탁에게 쏟아내기 시작하는 주민들.

1004호	그래 처음부터 외부인들 내보내는 게 아녔어!
양사장	다들 벼르고 있었을 텐데. 여기저기 다 들쑤시고 다녔으니까.
209호	그놈들이 언제 들어올지 모르는데 대비를 해야지.
	뭐라도 해야 되지 않겠어요.
정여사	그냥 저놈 넘기면 되는 거 아냐?
의료대장	맞아요. 첨부터 저 사람이 온갖 나쁜 짓은 다 시킨 거잖아!
오씨	(말리고 나서는) 아 이제 와서 다들 왜 이래요!
	어쨌든 대표님 덕분에 우리가 산 거 아닙니까.
	이성을 찾읍시다! 진짜.
왕씨아내	닥쳐!! 이게 다 저놈 때문이야! 바퀴벌레 새끼.
1004호	다 저 새끼가 한 건데 저 새끼만 내보냅시다!
방범2	(다가가며) 일단 잡아요!!
206호	(달려들며) 잡아!

오씨 등 영탁을 비호하던 그룹들도 당황한다. 원망의 소리들에 점차 힘이 실리고
방범대들은 이러지도 저러지도 못하고 그 상황을 지켜본다.
영탁을 에워싼 주민들, 옷을 잡아 뜯고, 넘어뜨리고...
이리저리 끌려가는 영탁, 반항해 보지만 집단 광기를 이겨내지는 못한다.
폭주하는 주민들을 보며 도리어 당황하는 명화, 민성.
영탁, 아파트로 들어가려는데 로비 입구를 막아선 주민들, 영탁을 밀어낸다.
넘어지는 영탁. 그때 영탁을 보호하듯 끌어안는 영탁모 주민들을 향해, 절규하듯.

영탁모.	야이 개잡놈의 씨바랄것들!!!!

사람들 잠깐 멈칫하는 찰나, 영탁, 저만치에서 이쪽을 보던 혜원을 발견한다.
갑자기 확 일어나 혜원을 향해 뛰어드는 영탁, 와르르 넘어지는 주민들.
혜원에게 달려든 영탁, 혜원 목덜미를 턱! 잡는다.
"아악!" 소리 지르며 반항하는 혜원.
광기에 찬 영탁, 이미 제정신이 아니다. 공포에 질린 혜원.
그대로 끌고 어딘가로 향한다. 혜원 버둥거리며 발버둥치는데,
영탁, 그대로 혜원을 절벽 쪽으로 끌고 가 던져버린다!

명화   아아악!!!!

너무 순식간에 벌어진 일. 순식간에 얼어붙은 아파트.
"후우... 후우..." 숨을 몰아쉬는 영탁.

영탁   저 뿌락치년 때문에! 이렇게 된 게 이게 다 저년 때문이야.
저년만 없었어도... 우욱!

갑자기 구역질을 시작하는 영탁. 속 안에 쌓인 무언가를 끄집어내듯
계속되는 구역질.
그런 영탁을 질린 듯 쳐다보는 주민들.
주민들을 노려보는 영탁, 눈물이 고인 채 힘겹게 말한다.

영탁   끄으... 은혜도 모르는 배은망덕한 것들... 하아... 하아...
내가 니들 먹여 살린다고 내 평생을...! 씨발... 암탉이 울면
집안이 망한다더니...

그때 저만치 뭔가를 발견한 영탁, 보면...
민성, 총을 들고 서 있다. 안타까운 표정.

민성   그만! 왜 이렇게까지 하는 겁니까...!

영탁, 민성을 향해 성큼성큼 걸어온다.
방아쇠에 올라간 민성의 손가락, 부들부들...
민성 바로 앞까지 온 영탁.
민성, 반사적으로 방아쇠를 당기는데... '틱-!'
총알이 없다. 당황한 민성. 총을 확 낚아채는 영탁,

영탁   (주머니에서 총알 꺼내 곧바로 재장전하며) 지금 이럴 때가
아냐!! (협박조로) 우리 집 뺏긴다고!!!

주민들을 향해 총구를 돌리는 영탁. 기겁해서 우물쭈물 뒷걸음질 치는 주민들.
그때 입구 쪽에서 사람들끼리 싸우는 소란스러운 소리가 난다.

143

모두 그쪽을 보면...

콰앙!

입구의 바리케이드가 바깥쪽으로 무너져 내린다.

으아악! 비명을 지르며 도망치는 대원들. 와!! 하며 안으로 쳐들어오는 외부인들.

바리케이드를 넘어오는 박소장.

박소장   와장창 우당탕탕이다, 이 씨발것들아.

뿔뿔이 흩어지는 황궁아파트 주민들.

주민들을 일방적으로 두들겨 패기 시작하는 외부인들.

로비 쪽으로 향하는 영탁, 극도의 흥분 상태라 제정신이 아닌 사람처럼 보인다.

영탁   이 벌레새끼들... 여기가 어딘 줄 알고...

저벅저벅 걷는 영탁을 따르는 화면. 그 너머로 아수라장이 된 아파트
중정이 보인다.

#97
아파트 뒤쪽 | 해질녘

명화와 아파트 뒤쪽 화단으로 피하는 민성. 아파트 1층 난간 아래 몸을 숨긴다.

#98
아파트 중정 | 해질녘

주민들은 여기저기 흩어져 도망치기 바쁘고,

총을 쏘며 외부인들을 막아내는 영탁. 거의 혼자 싸우는 형국이다.

정장남   (영탁을 가리키며) 저놈을 족쳐야 돼!

영탁   이 좆같은 놈들이...

배급소 베란다 난간을 통해 명화를 올려보내는 민성. 자신도 뒤따른다.

뒤로 밀려 로비 쪽으로 향하는 영탁. 총알도 거의 떨어져 간다.

흥분한 민성, 싱크대를 뒤져 무기가 될 만한 식칼을 집는다.
민성 손을 잡아 말리는 명화.

　　　　명화　　　　오빠, 그냥 빨리 나가자. 응?

쨍그랑! 베란다 창문이 깨지고, 들어온 외부6과 경고남.
곧장 민성을 향해 달려든다. 엎치락뒤치락, 계속해서 처절하게 몸싸움하는
외부인들과 민성. 서로 치고받고 피투성이가 된다.
바닥에 떨어진 칼을 주워 드는 외부6. 눈을 부릅뜨고 민성에게 달려든다.
뜨겁게 달궈진 온수 히터로 외부6을 공격하는 명화.
치이익-! 몸에 화상을 입는 외부6. "아악!!" 비명을 지른다. 명화를 팍! 쳐낸다.
"악!" 저쪽으로 가서 쓰러지는 명화.
눈이 도는 민성, 외부6을 쓰러트린 후,
위로 올라타 무작위로 손에 잡힌 걸 들고 퍽! 퍽! 때린다.
그동안 쌓여온 분노를 쏟아내기라도 하듯,
눈빛이 돌아 미친듯이 가격하는 민성, 놀란 명화.

　　　　명화　　　　그만해!!

돌아보는 민성, 얼굴에 피가 튀어 묻어 있다.

145

민성, 문득 손에 들고 있던 피 묻은 캔을 버린다. 민성을 끌고 나가는 명화.
뒤이어 들어오는 여러 명의 외부인들. 명화와 현관 밖으로 나오는 민성.

복도 쪽에서 현관문이 안 열리게 버티고 선 민성과 명화.
안쪽에서 문을 쾅쾅 발로 찬다.
문득, 저만치 아수라장을 바라보는 민성. 시야에 야차처럼 날뛰는
영탁의 모습이 들어온다.
끝까지 아파트를 지키려고 하는 그 모습이 어딘가 안쓰러워 보이기까지 하다.
손에 든 무기를 꽉 쥐는 민성, 문득 반대쪽을 보는데...
외부계단으로 향하는 복도 쪽에 외부인들이 보이지 않는다. 그리고...
공포에 질린 명화가 덜덜 떨고 있다.
그 모습을 본 민성, 갑자기 각성한 듯 정신이 번쩍 든다.

　　　　　민성　　　　가자...!

민성. 명화 손을 잡고 복도를 빠져나간다.
중정 쪽에 있던 박소장. 민성의 모습을 발견,

　　　　　박소장　　　　저 새끼, 저 새끼는 잡아야 돼!!

그 말에 민성, 명화를 쫓는 외부인들.

로비에서 대치 중인 주민들과 외부인들.
그때 한 외부인(동거남), 부탄가스에 리튬 배터리를 테이프로 둥둥 감은
것을 들고 등장한다. 폭탄이다. 다른 외부인(외부3) 하나가 삑-! 하고
호루라기를 불자, 양쪽으로 흩어지는 외부인들.
동거남, 리튬 배터리에 송곳으로 구멍을 낸 뒤, 로비 쪽을 향해 힘껏 던진다.
그것을 발견한 영탁, 로비 안쪽 주민들을 향해,

　　　　　영탁　　　　피해!!

로비에 떨어진 폭탄, 리튬이 부풀면서 불꽃이 인다.
영탁. 곧바로 폭탄을 집어 들어 중정 쪽을 향해 던지는데,

쾅!! 폭발한다.

아파트 입구를 향해 뛰던 민성, 명화. 그쪽을 돌아본다.
쫓아오던 외부인들도 몸을 숙여 그쪽을 본다.
연기가 자욱한 아파트 로비.
아연실색하는 명화. 그런 명화 손을 이끄는 민성, 뒤돌아 뛴다.

연기와 파편으로 난장판이 된 중정과 로비.
폭탄에서 날아온 못이며 쇠붙이 파편에 다친 부상자들이 여기저기
신음하고 있다.
천천히 로비를 향해 다가가는 화면.
"끄응..." 화면 근경에 누군가 일어나 앉는다. 영탁이다.
그 뒤로 보이는 주민들 몇. 몸을 일으키는 영탁.

        영탁   콜록... 다들 괜찮습니까.

영탁의 모습을 본 놀란 표정의 주민들.
돌아보는 영탁, 폭탄의 파편을 온몸으로 맞아 온통 피투성이다.
영탁, 천천히 주민들을 향해 걸어가며... 뭔가를 말하는데, 제정신이 아니다.

        영탁   후문 쪽은 누가... 앞쪽은... 저이... 씨발놈들... 으으...

이내 숨만 겨우 붙어 있는 듯한 목소리로.

        영탁   으어... 나... 집에... 집에... 잠깐... 콜록...! 가서... 좀 쉬어야...

영탁에게 길을 열어주는 주민. 비척거리며 계단을 오르는 영탁.

#102

폐건물 | 저녁

폐건물 안으로 몸을 피신한 민성과 명화. 창문 너머로 보이는 외부인들.
플래시 불빛을 혼란스럽게 흔들며 쫓아오는 외부인들 몇 명.

민성, 조심스럽게 바깥을 본다. 휙-! 돌아보는 외부5.
플래시 불빛이 화면을 향한다.
황급히 몸을 숨기는 민성. 문득 내부의 풍경이 눈에 들어온다.
바닥에 깨진 유리와 함께 아무렇게나 흩뿌려진 종이들.
드림팰리스, 황궁아파트, 전세, 매매, 월세의 가격들이 어지럽게 적힌 글씨들.
이곳이 부동산이었음을 알 수 있다.
'툭- 툭-' 외부인들의 플래시 불빛으로 보이는 빗방울들.
"야야 비 온다 그냥 가자!" 하며 그곳을 떠나는 외부인들.
민성, 문득 벽에 붙은 그림에 눈이 멈춘다. 무성한 나무 사이로 햇살이 들어오는
작은 언덕 위에 지어진 전형적으로 예쁜 집 그림이다. 그 주위로 비슷한
그림 몇 개가 더 보이고... 멍한 표정으로 빨려들 듯 그림을 보던 민성, 문득,
욱신...! 하는 아픔을 느끼고 보면, 옆구리에서 피가 흘러나오고 있다.
놀라는 명화.

#103
중앙계단 | 저녁

영탁이 지나간 흔적. 핏자국들이 보인다.
계단 아래쪽에서 외부인들의 고함소리가 들린다.

#104
9층 복도 · 영탁의 집 | 902호 | 저녁

복도 창문 너머로 쏟아지는 빗방울들.
천천히 복도에 진입한 영탁, 남은 힘을 다해 집을 향해 걷는다.
가까스로 902호에 도착. 열쇠로 현관문을 여는데...
인기척에 돌아보면, 빗물에 젖은 금애가 자신을 노려보고 있다 .
그녀 손에 들린 끝이 뾰족한 철근.

금애   ...넌 죽어야 돼.

금애, 철근을 영탁의 옆구리에 폭! 박아 넣는다.
"으어어...!" 고통스러워하는 영탁, 금애를 쳐다본다.

그때 저만치에서 외부인들이 올라오는 소리가 난다.
가망이 없어 보이는 영탁을 가만히 지켜보는 금애, 이내 비상계단 쪽으로 간다.
옆구리에 철근을 뽑으려는 영탁, 뽑히지 않자, 그대로 신발을 벗고 집 안으로
들어선다. 거의 기다시피 안으로 들어가다 거실쯤에 쓰러진다.
곧이어 복도에서 "903호?"(외부3), "902호."(외부4) 하며 외부인들의
말소리가 들려온다. 이윽고 현관문이 열리는 소리와 함께 외부인들이 집으로
들이닥친다. 신발을 신은 채.
외부인들. "씨발 전기도 들어와.", "여기 뭐 많다!" 하며 막 뒤진다.
모로 누운 자세로 쓰러진 채 그들의 신발을 보는 영탁.
상관하지 않고 난장판을 만드는 외부인들. 핏자국과 진흙 등등이 바닥에 찍힌다.

영탁   씨발... 남의 집에... 신발을 신고...

숨이 넘어갈 듯 헐떡이는 영탁, 눈알이 희번덕거리며 돌아간다.
영탁의 시야에 택시에 있던 영탁네 가족사진이 들어온다.

#105
로비 · 중정 ▎ 저녁

주민들을 잡아서 로비 쪽으로 끌어내고, 배급소에서 먹을 것들을
끄집어내는 박소장과 외부인들. 자기들끼리 축제 분위기다.

정장남   각자 입주할 집들을 정해야 하는데... 어떻게 정할까요?
외부3   (웃으며) 공평하게 투표로 하죠!

"그래.", "그러면 되겠네." 하는 사람들.

금애를 비롯한 주민들, 밖으로 내쫓긴다.
아파트 쪽을 힐끔힐끔 돌아보는 만신창이의 금애.
아파트 너머로 단지의 주인인 양 서 있던 나무가 징그러운 뿌리를 다
드러낸 채 굳건하게 남아있다.
그 위에 떠 있는 보름달.

폐건물 ▎아침

민성을 깨우는 명화의 손. 일어나는 민성, 상처에 고통스러워한다.

명화   어디 좀 봐봐...

민성의 상처를 봐주는 명화. 옆구리 깊은 상처에서 피가 흐른다.
"끄으..." 아파하는 민성.
급한 대로 근처에 있는 천을 잘라 응급처치를 하는 명화.

#107

외부 어딘가 · 태평양마트 앞 ▎아침

– 만신창이가 되어 거리를 걷는 민성, 명화.
예전에 대원들이 노숙자들을 본 장소.
저 아래에 퀭한 표정의 노숙자1이 뭔가를 씹으며 이쪽을 올려다본다.
– 문득 태평양마트 앞쪽을 지나게 된 민성, 폐허가 된 그쪽을 보고는 뭔가
생각에 잠긴다.
인기척이 있는 것 같기도 하고 아닌 것 같기도 하다.

명화   ...왜?
민성   아니야.

걷기 시작하는 두 사람.
화면, 다시 입구 쪽을 비추면... 민성이 마트로 통하는 입구를 가려놓았다.

#108

폐건물 ▎밤

밤이 되어 어딘가 안으로 들어온 두 사람.
의자 두 개를 붙여 침대처럼 해놓고, 겹겹이 싼 커튼 속에 누에고치처럼
꼭 붙은 채 누워있다.

파리한 안색의 민성. 명화, 종알종알 얘기 중이다.

> 명화　　그거 기억나? 나 수술실 첫 실습 때 피 보고 기절했던
> 　　　　거. ...응? 그 왜... 오토바이로 배달하다가 사고 나서
> 　　　　입원했던 애. 머리 노랗구... 근데 걔가 나중에 내 번호
> 　　　　물어봤잖아. 막 선물 주면서 고백하구...
>
> 민성　　(끄덕) 그 고삐리 새끼...

미소 짓는 두 사람.

> 민성　　아, 맞다...!

민성이 주섬주섬 뭔가를 꺼낸다. 샤넬 머리핀.

> 명화　　이게 뭐야?
> 민성　　빨리 해 봐. (명화가 머리에 꽂아보자) 아 이쁘다. 흐흐...
> 　　　　내가 나중에 더 좋은 걸로 사줄게.
> 명화　　고마워.
> 민성　　...미안해.
> 명화　　뭐가...
> 민성　　그냥 다. 내가 잘못한 게 많지.
> 명화　　뭐래 멍청아...
> 민성　　내가 좀 흐리멍텅해갖구... 그래도 확실하게 잘했다고
> 　　　　생각하는 건 하나 있어. (사이)
> 　　　　너랑 결혼한 거. 잘한 거 같아.
> 명화　　(미소)...
> 민성　　후... 아, 목말라. 우유 한 잔 벌컥벌컥... 마시고 싶다.

민성 얼굴을 쓰다듬어 주는 명화.

눈부신 빛에 눈을 뜨는 명화. 잠시 멍하니 그쪽을 본다.
두 사람이 누운 곳 너머 스테인드글라스를 통해 형형색색한 빛이 들어오고 있다.
명화, 민성을 깨운다.

> 명화   오빠. 일어나 봐. 되게 예뻐.

민성, 반응이 없다.
명화, 눈을 감고 있는 민성을 가만히 바라본다.

> 명화   ...오빠?

다시 민성을 부르는 명화, 목소리가 떨린다.

> 명화   오빠, 일어나... 김민성... 김민성...!

스테인드글라스 빛으로 보이는 두 사람의 실루엣. 명화의 흐느끼는 소리.
그때 스테인드글라스 너머로 인기척이 들린다. 곧이어 가까워지는 그림자들.
이어 깨진 창 너머로 안쪽을 들여다보는 낯선이. 그 외 낯선이들의 뒷모습.
자기들끼리 수군거리며 울고 있는 명화를 가만히 바라본다.

돌과 콘크리트 잔해로 만든 민성의 무덤. 멍한 표정으로 한참을 앉아있는 명화.
명화 뒤에서 수군수군 자기들끼리 뭔가를 말하는 낯선이들.
이내 한 사람이 나선다.

> 낯선이1   어디 갈 데는 있어요? 아니면 우리랑 같이 가든가.
> 명화   ...

대답 없는 명화.
낯선이1, 자기 동료들을 보며 고개를 절레절레한다.

　　　　낯선이1　　　그럼...

낯선이들, 명화에게서 멀어지기 시작한다. 그때 저만치 뒤에 명화가
일어서는 게 보인다.

　　　　명화　　　　저기요.

돌아보는 낯선이들.

　　　　명화　　　　...저도 같이 가도 되나요.

=====

#111
집 ▌ 낮

어느 집. 빛이 들어오는 베란다를 통해 안으로 들어오는 낯선이들과 명화.
옆면을 바닥 삼아 들어와서 인물들이 옆으로 누워있는 모양새다.
화면이 90도 돌아 수평을 맞추면, 옆으로 넘어가 있는 집임을 알 수 있다.
발을 딛고 있는 바닥에 액자 등이 붙어 있던 자국이 있다. 이런저런 가구도
갖다 놓고 나름 사람 사는 곳처럼 되어 있다. 두리번거리는 명화.

　　　　낯선이1　　　층고도 높고 좋죠? 일단 여기 좀 있어요.

바깥에서 들어오는 낯선이2,3.

　　　　낯선이3　　　...이거 좀 먹어요.

주먹밥 하나를 명화에게 준다.

　　　　명화　　　　...저 그냥 살아도 되는 거예요?
　　　　낯선이1　　　그걸 왜 우리한테 물어봐요, 살아있으면 걍 사는 거지.

명화	아... 네...
낯선이1	근데 그 아파트 뭔 일 났나 봐요? 어제 웬 여자애 하나도 실려 왔던데.
명화	...?
낯선이1	맞죠? 어제.
낯선이2	아, 보라색 머리 한 애?
명화	(놀라는) 어디...! 어디 있어요?!

마주보는 낯선이1,2,3.

낯선이1	아는 앤가 보네? 물어봐 줄게요, 잠깐 있어 봐요.
명화	네... 네...!

낯선이1, 저만치로 걸어간다.
그때 조심스럽게 명화에게 질문하는 낯선이2.

낯선이2	근데요, 거기 아파트...
명화	...?
낯선이2	소문이... 인육 먹고... 막... 맞아요?
낯선이3	그래, 아주 그냥 악마 같은 놈들이라구...
명화	...

명화, 점점 감정이 북받친다. 그러다 힘겹게 말을 꺼낸다.

명화	아뇨... 그냥 평범한 사람들이었어요.

명화, 새하얗고 윤기가 흐르는 주먹밥을 바라본다.

천천히 밖으로 나오는 명화를 따라 바깥으로 빠지는 화면.
저만치에서 낯선이1이 명화를 부르는 손짓을 하자 그쪽으로 가는 명화.
옆으로 누워있는 아파트. 발코니를 통해 드나드는 사람들이 보인다.
발코니의 난간을 사다리 삼아 위층으로 올라가는 사람들도 보이고,
저만치에선 배식 중이다. 줄 서서 배식 받는 사람들.

뒤쪽에 쌀가마니가 있고, 커다란 냄비에 하얀 쌀밥을 동그랗게
주먹밥을 만들어 나눠주고 있다.
한쪽엔 다들 옹기종기 모여 앉아 밥을 먹고 있다.

스토리보드

Storyboard

0. 정장남: "들어갑시다!" 대사에 대한 외부인들 반응샷

<액션 구간>

1. 부딪히는 외부인과 방범대원들. 방범대원들이 점점 뒤로 밀린다.

2. 부서지는 현관문 유리창. 민성과 박소장도 같이 넘어진다. (분리촬영)

3. 영탁이 외부인들을 저지하면서 로비 안으로 향한다.

4. 로비 안으로 들어온 외부인들이 계단으로 올라간다.

5. 배송맨과 민성이 몸싸움을 하고 영탁이 합류해서 배송맨을 제압한다.

6. 난간에 올라탄 외부인들을 제압하는 주민들.

7. 계단에서 지원군이 내려오자 곧 전세가 역전된다.

8. 방범창으로 외부인들을 밀어내는 방범대원과 주민들. 외부인들이 계단으로 굴러 떨어진다.

9. 배송맨이 영탁을 가격한다. 피 흘리는 영탁. 몇 대 맞으면서 배송맨을 제압한다.

10. "다 나가!!" 외치는 영탁. 물건들이 아파트 위에서 떨어진다.

11. 물러나 있는 힘없는 외부인들 몽타주

슬로우리액션들
컷인(인물)

로비 밖으로 외부인들을 밀어내며 나오는 영탁과 민성. 계단 아래로 와르르 밀려 내려오는 외부인들. 영탁 민성 뒤로 지원군으로 합세한 주민들 보인다. (여성 포함) 전세가 단숨에 주민들 쪽으로 기우는 분위기가 된다.

로비 쪽이 막히자 난간으로 올라가려는 외부인들을 떨어트리는 주민들.

마지막까지 방패 부대(민성 포함) 쪽으로 덤비는 외부인들도 있지만 통하지 않자, 거의 전의를 상실한 외부인들. (뒤쪽에서 자기 가족을 데리고 가는 외부인, 상처 입은 채 누워서 욕하는 외부인 등) 그런 외부인들을 향해 내 집에서 나가라고 욕하는 방범대원들, 주민들.

선두에서 진두지휘하는 영탁. 반 소강상태가 되어가는 분위기. 앞으로는 외부인들, 뒤쪽으로는 주민들이 보인다. 그때 주민들 틈에서 누군가 영탁을 향해 다가간다. 놀라는 민성, 어어...! 하는데, 퍽! 영탁의 뒤통수를 가격하는 배송맨. "억!" 하며 앞으로 고꾸라지는 영탁, 획 돌아보면, 배송맨. 주춤주춤... 일어나서 배송맨 앞으로 성큼성큼 걸어가는 영탁. '퍽!' 다시 한 번 더 내리치는 배송맨. 영탁 손으로 잡으려다 한 대 더 맞는다. 하지만 계속 다가간다. 배송맨, 다시 내려치려는데, 이번엔 '턱!' 막대를 잡는 영탁. 순간, 주르르륵~! 영탁 얼굴로 쏟아지는 피! 그대로 배송맨을 노려보는 영탁의 광기어린 눈빛...! 배송맨, 그런 영탁을 보다 뒤돌아 도망친다. 영탁, 머리에서 흐르는 피를 슥 닦아내고는 위협적인 말투로.

"다 나가!!!!"

이어 복도에서 밖으로 던져지는 외부인들의 물품들. "나가라!", "꺼져라!" 고함들.
민성을 비롯해, 다들 위를 바라보면, 아파트 안쪽에서 들리는 소리들.
위층에서 뭔가 날아와 '퍼퍽!', '쨍그랑!' 땅에 떨어진다. 짐가방들과 집기류들이다.
지치고 다친 민성도 그 광경을 보고... 외부인들은 아주 질려버린 표정이다.

소요상황시,
올라가면 반응샷
나갈때 올라가면 나오기

- 복도, 난는. (시간비면)

S 26

황궁아파트 / 중정, 6층 복도

영탁의 선창으로 만세를 외치는 민성과 주민들.
영탁 시점으로 보이는 기뻐하는 주민들. 민성을 내려다보다 들어가는 명화.

O 16/13

E 2023.12.23

1

BOOM-DOWN

#중정
사람들 사이를 걸어 나오는 영탁.
머리에 댄 천에 피가 스며들어있다.
영탁에게 고생했다고 말하는 주민들.
다들 신임이 가득한 눈빛들.
주민들 하나하나와 인사를 하는 영탁.

영탁　　수고하셨습니다. 예예... 이겼네요. 허
　　　　허...

사기가 오른 분위기의 아파트. 그때 어디선가.

주민　　대표님 잘생겼다!

2

영탁　　에이 그런 거 하지 마세요. 허허...

S 26 황궁아파트 / 중정, 6층 복도

영탁의 선창으로 만세를 외치는 민성과 주민들.
영탁 시점으로 보이는 기뻐하는 주민들. 민성을 내려다보다 들어가는 명화.

O 16/13

E 2023.12.23

3

[영탁 시점]

주민　　　　김영탁! 김영탁!

"김영탁! 김영탁!" 하는 주민들.

4

자기를 향해 환호하는 주민들을 바라보는 영탁. 점점 기분이 고양된다.

영탁　　　　거 참... 아파트 만세!!!

5

영탁 너머로 보이는 아파트.

6

뜬금없는 만세에 주민들 머뭇대는데...

박소장　　　　아파트 만세!!

박소장, 영탁의 선창을 받아 목청껏 만세를 외친다.

S 26 황궁아파트 / 중정, 6층 복도

영탁의 선창으로 만세를 외치는 민성과 주민들.
영탁 시점으로 보이는 기뻐하는 주민들. 민성을 내려다보다 들어가는 명화.

O 16/13

E 2023.12.23

7

이내 다 같이 **"만세!"** 하는 주민들.
아파트 위층을 바라보는 영탁.

8

긴장 끝, 승리를 만끽하듯 무기를 들어 보이며 외친다.

주민들   아파트 만세!

9

영탁   아파트는 주민의 것!!

10

주민들, 중정을 향해 환호성을 지른다.

11

주민들　　　　아파트는 주민의 것!!

12

민성, 멋쩍게 "**주민의 것...!**" 한다.
영탁, 그런 민성을 발견, 반갑게 다가온다.

영탁　　　　방범대장님 목소리가 그게 뭡니까.
민성　　　　예?

웃으며 확성기를 대주는 영탁.

영탁　　　　**아파트는!!**
민성　　　　주.... **주민의 것!!!!**

영탁, 민성의 손을 잡고 크게 들어올린다.
"**주민의 것!!**" 묘한 흥분이 일어나는 민성.
점점 빠져들어 스스로 크게 외치기 시작한다.

13

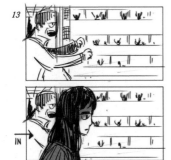

#6층 복도
중정을 향해 소리를 지르는 사람들.

중정쪽을 내려다보는 명화.

14

영탁과 함께 기뻐하는 민성.

15

#중정
복도 쪽에서 민성을 보던 명화,
안으로 들어간다.

16

그제야 명화를 찾는 민성, 보이지 않는다.

영탁이 옆에서 종용하자 **"주민의 것...!"**
한 번 더 하는 민성.

S 70 황궁 아파트 / 색출몽타주

간부들이 모인 자리에서 외부인을 제보한 주민 한 명을 칭찬하는 영탁.
제보한 주민에게 포상으로 보급품을 전달한다.

O 46/42

D 2024.02.13~
2024.02.27

18

#주민회의장.낮

주민회의장에 모인 간부들. 서서 말하는 영탁.

영탁   대부분 알고 계시겠지만 어젯밤, 우리
            아파트에 불미스러운 일이 있었습니다.

19

주민 한 분이 집에 바퀴벌레 무리를 숨
겨주고 있었죠. 307호 조용익씨?

20

PAN

[영탁 시점]
영탁을 보고 있는 간부들.

21

영탁   우리 용익씨의 용기 있는 고발로 숨어
            있던 바퀴벌레를 색출해 낼 수 있었습
            니다. 박수 한 번 주시죠!

22

앞으로 나오는 307호. 금에, 자원상자들을 넘긴다.

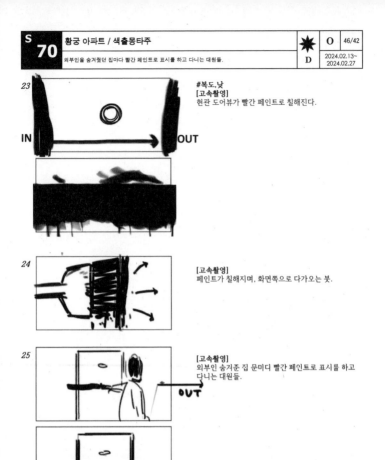

23

#복도,낮
[고속촬영]
현관 도어뷰가 빨간 페인트로 칠해진다.

24

[고속촬영]
페인트가 칠해지며, 화면쪽으로 다가오는 붓.

25

[고속촬영]
외부인 숨겨준 집 문마디 빨간 페인트로 표시를 하고
다니는 대원들.

26

[고속촬영]
페인트가 흘러 내린다.

27

#주민회의장, 낮
보급품을 환한 얼굴로 받아드는 307호.

28

오오- 하며 사람들이 부러워한다.

29

영탁, 꽤나 강경한 어조로 말한다.

영탁　　　우리의 아버지들과 아들들이 목숨 걸고
구해온 것들이 외부인 손에 들어가는
것은 막아야 하지 않겠습니까? 우리 아
파트를 지키기 위해서는...

S 70 황궁 아파트 / 색출몽타주
긁힌 상처에 약을 바르고 있는 민성. 그 너머 침대에 앉아있는 명화.

O 46/42
D 2024.02.13~
2024.02.27

30

#602호(민성, 명화), 저녁
손톱에 긁힌 상처에 약을 바르고 있는 민성.
그 너머 침대에 앉아 있는 명화.

31

#809호(도균) 앞, 낮
현관 앞에 서서 의료용품을 넘기는 명화.

32

맞은편의 도균.

도균   양심이라는 게 있어도 문제, 없어도 문
제예요. 그죠?

S 70

황궁 아파트 / 색출몽타주

의료용품을 가지고 찾아온 명화에게 괜히 나서지 말고 가라고 하는 도균.
도균 집 앞에 낙서와 쓰레기가 가득하다.

O 46/42

D 2024.02.13~
2024.02.27

33

명화   ...

34

힐금거리며 감시하듯 이쪽을 보는 왕씨, 왕씨아내.
도균, 의식한 듯.

도균   얼른가세요. 괜히 나서지 말고요.

문 닫히면, 809호 현관문.

35

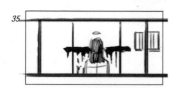

혐오낙서와 쓰레기들, 깨진 유리...
누가 봐도 왕따 당하는 집이다.

36

가만히 선 명화. 그 너머로 보이는 주민들 몇.

37

 # 주민회의장, 낮

영탁　　　주민들이 스스로 나서야 돼요. 이제부
　　　　터 외부인을 고발한 주민은, 적절한 보
　　　　상을 받게 될 겁니다.

38

#809호(도균), 낮
떨리는 손으로 화분에 물을 주고 있는 도균.

TILT-UP

39

물을 주고 있는 도균.

1

머리에 헤드플래시를 단 민성.

2

안으로 기어들어가는 중이다.

민성 FOLLOW

3

[민성 시점]
흔들리는 플래시 불빛에 수많은 시체들이 보였다
안보였다 한다.

CAM-IN

4

이 악물고 가던 민성. 뭔가를 보고 잠시 멈춘다.

민성 FOLLOW

5

[민성 시점]
재난 때 구하지 못한 여자의 손과 똑같은 손이다!

6

민성 FOLLOW

놀라 잠시 보는 민성.

7

[민성 시점]
갑자기 움찔하고 움직이는 손...!

8

헤드랜턴이 깜박이기 시작한다.
민성, 공포심에 미친 듯이 기어서 앞으로 나아간다.

9

민성 FOLLOW

깜박이는 빛 때문에 점멸하듯 보이는 민성...

10

CAM-IN

[민성 시점]
그리고 시점으로 보이는 시체의 얼굴들.

11

민성 **FOLLOW**

[암전 상태]
거의 암전 상태에서 들리는 민성의 거친 숨소리.

S 88

황궁아파트 / 902호(영탁)

집 안 이곳저곳을 뒤지다 아무것도 발견하지 못하자 영탁모를 깨워
아들을 찾아주겠다며 행방을 묻는 명화.

| ✸ | S | 7/6 |
| | D | 2024.03.02 |

1

서랍장을 뒤지고 있는 명화.

TILT-UP

뭐라도 찾아내기 위해 영탁의 집을 뒤지는
명화와 혜원.

2

IN

PAN

여기저기 뒤져보지만 딱히 뭐가 나오지 않는다.
이제 남은 곳은 영탁모가 있는 안방.
자연스레 그쪽을 보는 두 사람.

3

TRACK-OUT

감정이 격해진 명화,
영탁모 방으로 성큼성큼 들어가며

큰 소리로,

명화　　　　할머니!

놀라는 혜원.

4

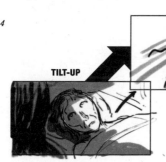

TILT-UP

TRACK-IN

영탁모를 거칠게 흔들어 깨우는 명화.
깨자마자 놀라서 구석으로 가는 영탁모.

S 88

황궁아파트 / 902호(영탁)

집 안 이곳저곳을 뒤지다 아무것도 발견하지 못하자 영탁모를 깨워
아들을 찾아주겠다며 행방을 묻는 명화.

✳	S	7/6
D	2024.03.02	

5

영탁모 얼굴 바로 앞까지 가서 어깨를 잡고 쏟아내듯
말하는 명화.

명화　　할머니 아들 어디 있어요. 지금 같이 사
　　　　는 사람 아들 아니죠? 제가 도와드릴게
　　　　요. 할머니. 정신 좀 차려 봐요, 제발!!

영탁모　　…

명화　　내가 아들 찾아줄게. 응?

6

영탁모, 천천히 명화를 본다.

7

집중하는 명화의 얼굴.

1 땀 범벅이 된 민성의 얼굴. 뭔가를 보고 있다.

2 [민성 시점]
천장이 내려 앉아 앞이 막혀있다.

3 몸을 돌려 돌아가려던 민성,

4 문득 발치에 뭔가를 느껴 그쪽을 본다.

5

[민성 시점]
신발에 먼지가 살짝 닦인 유리다.

6

민성   ...!

7

유리 바깥에서 본 화면. 민성의 눈이 보인다.

이내 손으로 닦아내면 얼굴이 보인다.

8

[민성 시점]
민성의 시점. 진열대 안, 딸기 생크림 케이크다.

1

안에서 쾅! 쾅! 소리가 난다. 안에 대고 소리치는 영탁.

영탁   **민성씨! 괜찮은 겁니까?!**

1

영탁모, 뭔가를 말하려고 입을 움찔거린다.
귀를 갖다 대는 명화.

2

영탁모   ...배고파요. 엄마 배고파요.

3

한숨을 내쉬는 명화. 포기한 듯 일어선다.

4

다시 베란다로 향하는 명화, 혜원.
창문 너머로 보이는 두 사람의 실루엣.
차례로 창문 아래쪽으로 사라진다.

그러다 다시 일어서는 실루엣 하나.
가만히 서서 뭔가를 보는 것처럼 보인다.

1

유리를 깨고 안으로 들어온 민성.

2

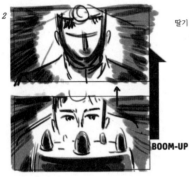

딸기 생크림 진열대 너머를 보면...

BOOM-UP

3

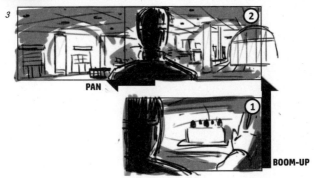

PAN

② BOOM-UP ①

중간 중간 돌무더기가 내려앉은 곳도 있지만,
대체로 멀쩡해 보이는 푸드코트.

4

놀라는 민성.

1

어딘가를 보고 있는 명화.

2

김치냉장고 위에 쌓인 김치통들.

3

김치냉장고를 보는 명화.

4

TILT-DOWN

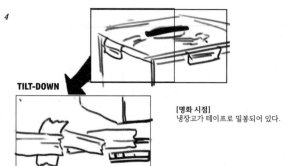

[명화 시점]
냉장고가 테이프로 밀봉되어 있다.

5

구멍 너머로 넘어간 혜원.
멈춰선 명화를 보고 **"왜요?"** 한다.

6

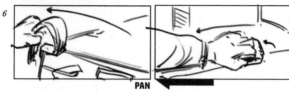

PAN

7

명화, 테잎을 뜯어내고

8

뚜껑을 연다.

CAM-UP

9

순간 역한 냄새에 얼굴을 찡그리는 명화, 혜원.

10

안을 보면, 꽃무늬 이불로 뭔가 덮여있다.
확 걷어내는 명화.

11

바닥에 후두둑- 떨어지는 바둑알들.

12 **TILT-DOWN**

흠칫 뒤로 물러나는 명화.
우욱!!" 헛구역질 하는 혜원.
썩어문드러진 중년남자의 시체가
꾸겨진 채 들어가 있다!!

명화, 숨을 크게 한 번 들이 마신 뒤,
용기를 내서 시체에 다가간다.

CAM-IN

13

바닥의 바둑알들. 보면, 시체의 입 안에서 나온 것이다.
'으...이게 뭐야...' 싶은 명화,

CAM-IN

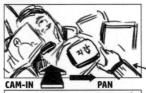

안에 아무렇게나 던져 넣어진 사진앨범과 지갑.

지갑을 꺼내 열어보면 주민등록증이 있다.

얼굴이 다른 '김영탁',
즉, 앞서 나왔던 902호 남자의 것이다.

14

골똘히 생각에 빠지는 명화.

15

화면 가득 차는 902호 남자의 얼굴.

S 96 황궁아파트 / 계단-중정, 중정

영탁을 원망하는 금애. 영탁의 정체를 밝히는 명화.
화가 난 주민들을 밀치고 나가 혜원을 절벽 아래로 던져버리는 영탁.

O -
E 2024.03.02

31

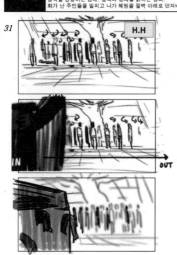

외부계단을 통해 뭔가를 들고 내려온 주민들.

32

TILT-UP

"**잘못했습니다!**"를 했던 방범2와, 의료대장 등.
가지고 내려온 것은 영탁 집에 있던 김치냉장고다.

33

뒤이어 주민의 부축을 받아 내려오는 영탁모도 보인다.

34

저게 뭔가 하고 보는 주민들과 영탁.

35

민성 또한 김치냉장고를 보고 있다.

36

냉장고 옆으로 온 차가운 표정의 명화.

뚜껑을 열어 뭔가를 꺼내 영탁 쪽을 향해 던진다.

37

'툭' 하고 떨어지는 것은 지갑.

38

명화, 영탁을 계속 노려본다.

명화 저 사람 집에 있던 시체예요. 거기 민증
보여요?

39

뭔가 하고 보는 민성.

40

"뭐야?", "뭐라고?" 술렁이는 사람들.

41

슬금슬금 다가가는 주민들.

TRACKING

S	황궁아파트 / 계단–중정, 중정		O	-
96	영탁을 원망하는 금애. 영탁의 정체를 밝히는 명화. 화가 난 주민들을 밀치고 나가 혜원을 절벽 아래로 던져버리는 영탁.	E		2024.03.02

42

명화   원래 살던 사람 죽이고 주민인 척 살고
있었어요.

43

김치냉장고 쪽으로 다가가는 주민들.

44

주민등록증을 돌려보고,

45

냉장고로 가서 시체를 확인하는 사람들도 있다,

46

영탁모에게 어떻게 된 건지 묻는 사람들도 있다.
영탁모 "아이쯔다... 아이쯔니 코로사레따...",
김포댁 "여기 일본어 하는 사람 있어요? 뭐래는 거야."
등등...

S 96 황궁아파트 / 계단-중정, 중정

영탁을 원망하는 금애. 영탁의 정체를 밝히는 명화.
화가 난 주민들을 밀치고 나가 혜원을 절벽 아래로 던져버리는 영탁.

O -
E 2024.03.02

47

CAM-IN

명화   주민수칙 첫 번째. 아파트는 주민의 것
       이고, 오로지 주민만이 살 수 있다. 그
       랬죠 분명히.

48

TILT-UP

민성, 지갑을 빼앗 듯 낚아채 본다.
902호 남자. 진짜 김영탁의 주민등록증이다.

명화(E)   (영탁을 향해) 여기서 나가요.

민성 FOLLOW

휙 돌아 저벅저벅 영탁에게 다가가는 민성.

민성 FOLLOW

민성, 주민들 사이를 비집고 지나간다.

206호   이게 뭔 일이에요... 대표가 바퀴벌레라
         는 거?
1004호   씨발 뭔가 이상하다 했어.

민성 FOLLOW

부동산
임부장
개량한복
그냥 이름 같은 사람일 수도 있잖아요.
주소가 여기로 돼 있잖아.
(민증 사진 보며) 대표 같기도 한데...
나만 비슷하게 보이나?

민성 FOLLOW

정여사
김포댁
(뭔 헛소리냐는 듯) 다른 사람이구만.
저 여자가 809호가 바퀴놈들 숨겨줄 때
도 도와줬다며. 믿을 수 있는 거야?

영탁 바로 앞에 선 민성. 핏발이 잔뜩 선 영탁.

민성
어떻게 된 겁니까? 뭐라고 말 좀 해봐요.

민성
(영탁 어깨를 쥐어 잡으며)
말 좀 해보라고요...!

S 96 황궁아파트 / 계단-중정, 중정

영탁을 원망하는 금애. 영탁의 정체를 밝히는 명화.
화가 난 주민들을 밀치고 나가 혜원을 절벽 아래로 던져버리는 영탁.

O -
E 2024.03.02

민성의 손을 뿌리치는 영탁.

영탁   (호통치듯) 내가 김영탁이야!!

49  황당해하는 민성.

50  영탁 쪽을 쳐다보는 명화. 술렁이는 주민들.

51  주민들 사이 영탁모도 영탁 쪽을 본다.

S 96 황궁아파트 / 계단-중정, 중정

영탁을 원망하는 금애. 영탁의 정체를 밝히는 명화.
화가 난 주민들을 밀치고 나가 혜원을 절벽 아래로 던져버리는 영탁.

O -
E 2024.03.02

52

영탁 　내가 김영탁이라고!!!! 집도 등기만 여기로 안 돼 있을 뿐이지, 내 집이나 다름없어요. 집값도 다 냈는데,
(냉장고 가리키며) 저 씨발 사기꾼 새끼가 사기를 쳤다고!!

화가 치밀어 오르며 울컥하는 영탁. 만감이 교차한다.

영탁 　인간이 제일 어려워하는 게 뭔 줄 알아? 선택하고 결정하는 거야. 목숨을 바쳤어! 아파트에. 니들이랑 니들 자식새끼들 가족으로 생각해서 니들 하기 싫어하는 일, 핏물이고 오물이고 다 대신 뒤집어썼다고! 나 아니었으면 벌써 다 죽었을 것들이 이제 와서 뭐?!

53

냉장고 문을 탁! 닫는 영탁.

54

영탁 　내가 902호 김영탁이야!!

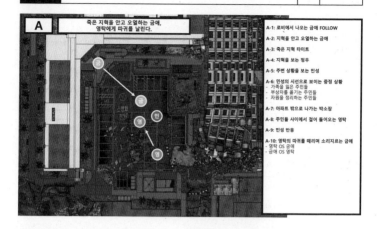

A   죽은 지혁을 안고 오열하는 금애,
영탁에게 따귀를 날린다.

A-1: 로비에서 나오는 금애 FOLLOW

A-2: 지혁을 안고 오열하는 금애

A-3: 죽은 지혁 타이트

A-4: 지혁을 보는 정우

A-5: 주변 상황을 보는 민성

A-6: 민성의 시선으로 보이는 중정 상황
- 가족을 잃은 주민들
- 부상자를 옮기는 주민들
- 자원을 정리하는 주민들

A-7: 아파트 밖으로 나가는 박소장

A-8: 주민들 사이에서 걸어 들어오는 영탁

A-9: 민성 반응

A-10: 영탁의 따귀를 때리며 소리지르는 금애
- 영탁 OS 금애
- 금애 OS 영탁

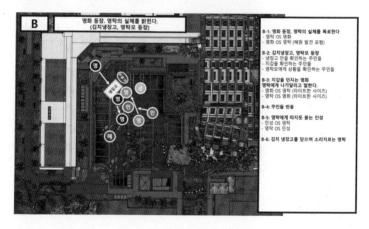

B   명화 등장. 영탁의 실체를 밝힌다.
(김치냉장고, 영탁모 등장)

B-1: 명화 등장, 영탁의 실체를 폭로한다
- 영탁 OS 명화
- 명화 OS 영탁 (혜원 발견 포함)

B-2: 김치냉장고, 영탁모 등장
- 냉장고 안을 확인하는 주민들
- 지갑을 확인하는 주민들
- 영탁모에 상황을 확인하는 주민들

B-3: 지갑을 던지는 명화
영탁에게 나가달라고 말한다.
- 명화 OS 영탁 (타이트한 사이즈)
- 영탁 OS 명화 (타이트한 사이즈)

B-4: 주민들 반응

B-5: 영탁에게 따지듯 묻는 민성
- 민성 OS 영탁
- 영탁 OS 민성

B-6: 김치 냉장고를 닫으며 소리지르는 영탁

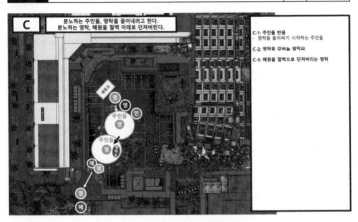

C 분노하는 주민들, 영탁을 끌어내리려 한다.
분노하는 영탁, 혜원을 절벽 아래로 던져버린다.

C-1: 주민들 반응
- 영탁을 둘러싸기 시작하는 주민들

C-2: 영탁을 감싸는 영탁교

C-3: 혜원을 절벽으로 던져버리는 영탁

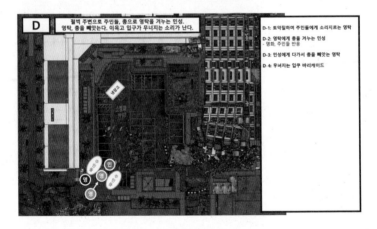

D 절벽 주변으로 주민들, 총으로 영탁을 겨누는 민성.
영탁, 총을 빼앗는다. 이윽고 입구가 무너지는 소리가 난다.

D-1: 토악질하며 주민들에게 소리지르는 영탁

D-2: 영탁에게 총을 겨누는 민성
- 명화, 주민들 반응

D-3: 민성에게 다가서 총을 빼앗는 영탁

D-4: 무너지는 입구 바리케이드

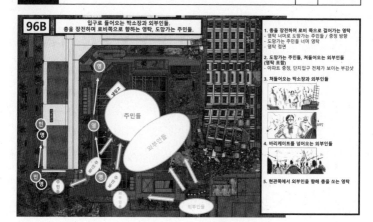

1

복도 창문 너머로 쏟아지는 빗방울들.

천천히 복도에 진입한 영탁.

2

남은 힘을 다해 집을 향해 걷는다.

가까스로 902호에 도착. 열쇠로 현관문을 여는데...
인기척에 돌아보면,

빗물에 젖은 금애가 자신을 노려보고 있다 .
그녀 손에 들린 끝이 뾰족한 철근.

금애   ...넌 죽어야 돼.

S 104 황궁아파트 / 9층 복도, 902호(영탁)

금애가 나타나 송곳으로 영탁을 찌른다.
겨우 집으로 들어선 영탁이 침입한 외부인들을 보며 숨이 넘어갈 듯 헐떡거린다.

S -

E 2024.03.02

3

금애, 철근을 영탁의 옆구리에 푹! 박아 넣는다.
"으어어...!" 고통스러워하는 영탁, 금애를 쳐다본다.
그때 저만치에서 외부인들이 올라오는 소리가 난다.
가망이 없어 보이는 영탁을 가만히 지켜보는 금애,
이내 외부계단 쪽으로 간다.
옆구리에 철근을 뽑으려는 영탁, 뽑히지 않자,

S 104 황궁아파트 / 9층 복도, 902호(영탁)

금애가 나타나 송곳으로 영탁을 찌른다.
겨우 집으로 들어선 영탁이 침입한 외부인들을 보며 숨이 넘어갈 듯 헐떡거린다.

S -
E 2024.03.02

4

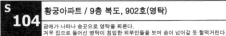

그대로 신발을 벗고 집 안으로 들어선다.

거의 기다시피 안으로 들어가다 거실쯤에 쓰러진다.

곧이어 복도에서 "903호?"(외부3), "902호"(외부4) 하
며 외부인들의 말소리가 들려온다.
이윽고 현관문이 열리는 소리와 함께 외부인들이 집으
로 들이닥친다. 신발을 신은 채.
외부인들. "씨발 전기도 들어와.", "여기 뭐 많다!"
하며 막 뒤진다.

S 104 황궁아파트 / 9층 복도, 902호(영탁)

글에가 나타나 송곳으로 영탁을 찌른다.
겨우 집으로 들어선 영탁이 침입한 외부인들을 보며 숨이 넘어갈 듯 헐떡거린다.

S -

E 2024.03.02

5

모로 누운 자세로 쓰러진 채 그들의 신발을 보는 영탁.
상관하지 않고 난장판을 만드는 외부인들. 핏자국과
진흙 등등이 바닥에 찍힌다.

영탁   **씨발... 남의 집에... 신발을 신고...**

숨이 넘어갈 듯 헐떡이는 영탁.
눈알이 희번덕거리며 돌아간다.

6

영탁의 시야에 택시에 있던
영탁네 가족사진이 들어온다.

S 111 어느 집

낯선 이들을 따라 집으로 들어오는 명화.
누군가가 건네주는 주먹밥을 받으며 이곳에 그냥 살아도 되냐고 묻는 명화.

S 14/7

M 2024.03.04

1

어느 집. 빛이 들어오는 베란다를 통해 안으로
들어오는 낯선이 들과 명화.
옆면을 바닥 삼아 들어와서 인물들이 옆으로 누워있는
모양새다.
화면이 90도 돌아 수평을 맞추면,
옆으로 넘어가 있는 집임을 알 수 있다.
발을 딛고 있는 바닥에 액자 등이 붙어 있던 자국이 있
다. 이런저런 가구도 갖다 놓고 나름 사람 사는 곳처럼
되어 있다. 두리번거리는 명화.

2

낯선이1 층고도 높고 좋죠? 일단 여기 좀 있어요.

바깥에서 들어오는 낯선이2,3.

3

낯선이2 ...이거 좀 먹어요.

주먹밥 하나를 명화에게 준다.

S 111 어느 집

낯선 이들을 따라 집으로 들어오는 명화.
누군가가 건네주는 주먹밥을 받으며 이곳에 그냥 살아도 되냐고 묻는 명화.

S 14/7

M 2024.03.04

4

명화   ...저 그냥 살아도 되는 거예요?

5

낯선이1   그걸 왜 우리한테 물어봐요, 살아있으
면 걍 사는 거지...
명화   아... 네...
낯선이1   근데 그 아파트 뭔 일 났나 봐요? 어제
웬 여자애 하나도 실려 왔던데.

6

명화   ...?

7

낯선이1   맞죠? 어제.
낯선이2   아, 보라색 머리한 애?

8

명화   (놀라는) 어디...! 어디 있어요?!

S 111 어느 집

낯선 이들을 따라 집으로 들어오는 명화.
누군가가 건네주는 주먹밥을 받으며 이곳에 그냥 살아도 되냐고 묻는 명화.

S 14/7

M 2024.03.04

9

마주보는 낯선이 1,2,3.

낯선이1 아는 앤가 보네... 물어봐줄게요, 잠깐
있어 봐요.

10

명화 네... 네...!

11

낯선이1, 저만치로 걸어간다.
그때 조심스럽게 명화에게 질문하는 낯선이2.

낯선이2 근데요, 거기 아파트...
명화 ...?
낯선이2 소문이... 인육 먹고... 막... 맞아요?
낯선이3 그래, 아주 그냥 악마 같은 놈들이라
구...

12

명화 ...

명화, 점점 감정이 북받친다.
그러다 힘겹게 말을 꺼낸다.

명화 아뇨... 그냥 평범한 사람들이었어요.

명화, 새하얗고 윤기가 흐르는 주먹밥을 바라본다.

13

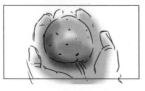

윤기가 흐르는 주먹밥.

S 111 어느 집

낯선 이들을 따라 집으로 들어오는 명화.
누군가가 건네주는 주먹밥을 받으며 이곳에 그냥 살아도 되나고 묻는 명화.

| S | 14/7 |
| M | 2024.03.04 |

14

CAM-OUT

CAM-OUT

천천히 밖으로 나오는 명화를 따라 바깥으로 빠지는
화면.
저만치에서 낯선이1이 명화를 부르는 손짓을 하자
그쪽으로 가는 명화.
옆으로 누워있는 아파트.
발코니를 통해 드나드는 사람들이 보인다.
발코니의 난간을 사다리 삼아 위층으로 올라가는 사람
들도 보이고, 저만치에선 배식 중이다.
줄 서서 배식 받는 사람들.
뒤쪽에 쌀가마니가 있고, 커다란 냄비에 하얀 쌀밥을
동그랗게 주먹밥을 만들어 나눠주고 있다.
한쪽엔 다들 옹기종기 모여 앉아 밥을 먹고 있다.

<끝>

스틸

Film Stills

황궁 아파트 주민수칙

1. 아파트는 주민의 것
   주민만이 살 수 있다.

2. 주민은 의무를 다하되,
   배움은 기여도에 따라 차등분배한다.

3. 아파트에서 벌어지는 모든 일은
   주민의 민주적 합의에 의한 것이며
   이에 따르지 않으면 아파트에서 살 수 없다.

— 아파트 주민 자치 위원회 —

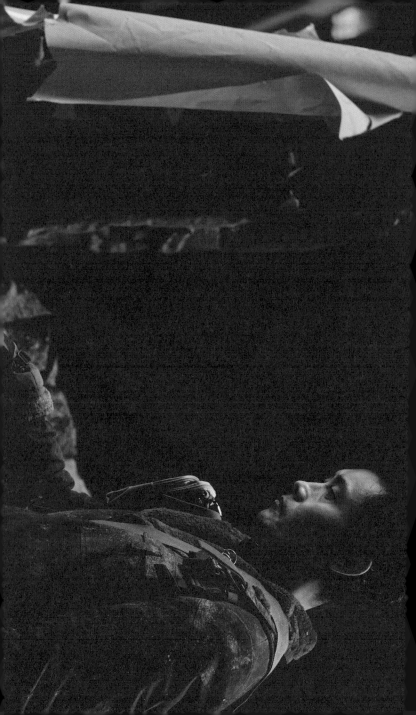

컨셉 아트

Concept Art

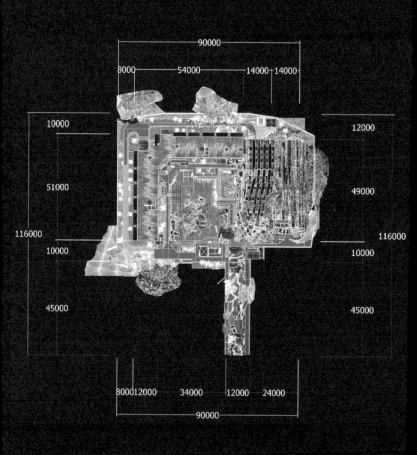

황궁

101

602호
민성, 명화의 집

민성과 명화의 집은 행복함과 현실성이 공존하는
전형적인 검소한 신혼부부의 집이다. 컬러가 배제된 차분한
톤의 거실은 앞으로 채워나가야 하는 미래를 위한 현실을
강조했다. 어디에도 치우치지 않는 몰개성, 무엇으로도
채워질 수 있는 보통의 집 형태이다.

809호
도균의 집

도균의 집은 공동체적 성향이 배제된 개인적 성향이
강조된 프라이빗한 공간의 전형을 보여주고자 했다. 모든
물건이 흐트러짐이 없이 정확한 곳에 위치되어야 하는
고집이 강한 집.

영탁의 집은 황궁아파트가 처음 생겼을 때 느낌을
유지시켜 주는 게 목적이었다. 오랫동안의 시간을 지켜온
삶의 흔적이 겹겹이 쌓여 보수적 성향이 강조된 집의
원형 - 큰 변화 없이 집의 목적성이 유지되는 목적이 강한 집.

903호
혜원의 집

혜원의 집은 현실이 붕괴되고 목적성을 잃고 떠도는 듯한
집의 느낌. 정착하지 못하고 현실에 매몰되어 누구의
집이어도 상관없을 최소한의 기능만을 가진 헝클어진

금애의 집은 금애의 성향을 보여주듯 자기 과시적이고,
권력적이고, 전시성이 강한 집으로 금애의 현재적 위치와
욕망이 내포된 집. 나 자신보다는 남을 위한다는, 그러나
그 목적이 잘못 표현된 공감되지 못한 쇼윈도형 집으로 표현.
극 중 주민회의 용도를 고려한 확장형 거실.

一切難心造

메모

Memo

엄태화 감독이 영화의 기획 단계부터 구상한 아이디어를
모은 노트를 일부 스캔하여 수록하였습니다.

무너지고, 근처에 유일하게 안 무너진 APT. 사람들이 몰린다. 원래 살던사람과 외부에서 들어온 사람들이 뒤엉켜 살게된다. 복도나 지하주차장에 모인 생존자들, 구조대를 기다려보지만 오지 않고, 빈집으로 들어가는 사람들, 알고보니 근처 붕괴된 집에서 마스터키를 손에 넣었다. 누가? 혹은 그 사람이 들어갔다. 혼란스러운 상황. 남의 집에 들어온 사람. 첫번째 전쟁 일단 다 열어서 막 들어갈까? 서로 먼저 들어가려고 난리가 벌어진다. 원래 주인이 돌아오면 자리를 내주고 같이 머물게 되기로 하는데, 쫓아내려는 사람이 있다. 갈등이 벌어진다. 그리고 또 그 사는 집주인이 아니라 윗사람 주인이 나타나서 나가라고 하는 경우도 생긴다. 싸우고 난리가 난다. 한 사람이 정리를 해야겠다고 생각. 일단 들어와 사는 사람들은 그대로 살기로 하자. 싸우지 않으려면 혜택을 주자? 원주인들에게? 바깥에서 온 사람들 ... 남지가 않다. 베란다를 넘어서 문을 연 사람도 있다. 이런 와중에 이러다 다 죽겠다 싶은 상황에 화재가 난다. 한 남자의 주도하에 이러다 다 죽는다. 함께 살 방법을 찾아보려고 한다. 다 모여서 회의를 연다. 그 회의에서 여러가지 합의가 이뤄진다. 이 남자는 다 같이 살 방법을 더 찾아보려고 한다. 더 이상 사람을 받지는 말자고 하는데 모두 동의한다. 그리고 몇가지 규칙을 만들어 나간다. 김영탁, 외지인대표, 내부인대표. 정리를 한다. 규칙을 어길시 추방이다.

외부인의 [illegible] 외부인들의 해꼬지가 시작되고, 내부인들은 뭉치기 시작한다. 원래 살던사람과 유입인들

품: 힘, 권력 | 비범보그건하는 한 힘값을 흐르거짓野 5여 한다
30대 후반 男 | 권위를 익히는 모습 = 10, 20대 지식이 저승
40대 후반 | 혹은, 뭔가에 의해 손 ...
, 20대 男를거넌다 | 택카 · 군입중 | 펜사가나 (40대 병역 경합 체크) = 앙

구건대를 밝다고하는 인물. (헤기) ⟨男? 女?⟩

거짓말로 몰아가는 인물 = (영탁)   (지국)

거짓말를 안드설에서 진실로 벌이드이는 인물. — 터쇼아
                                              정이더

거짓말이 아닐 수도 있다고 생각하려면   화들
   근이 행동하지 안는 인물.
   → 번하는 게 번듦.   ⟨ 내가 쥐는 것은,
                          인이 흘리지 않는 자들
)한번에 쉬어는 동이다.   정기를 잡는것 ⟩

]에서둘으는 人. 주레가 은다고 하여 현실를 지꾸 알께워주는 人.
                  겔 듣기 싫은 사람들. 되지도 않는 희망그을 이야
세계 건의?   어디까지 이 세계가 이양이 된거냐
아인트에서 중혼사들?   [화용 X] [모두에 갑자기 무너졌다]   스여
                        2l 용중l염의하고   린용
소요기:
죽목거 ─ 국인혼이 성실한 개인의 특질이강조. 그 특질을 주인공이 획득 해야만한다
                                        더앙능
제기되는 사건 ─ 주인꽁이 자신의 내적 욕구를 무시할 수 없게끔하는 사건
       ↓   촐실율
꽁인욕꽁.   외적인 욕지가 최우선 맞추게됀다. → 천융리는 다즈 임이 되a
}비. ─ 연마하고. 세력을 모으다, 가족, 천후 등. 특정를위한 준비.
대립. ─ 외부세력. 주인꽁보다 강력하다. → 신래한가 주인공로.
내은 확신이 나리생긴 ─ 외적꽁들의 예의해 내적 꼭기 몰두리게 됀다 → 내꽁
집임 ─ 변화된 인물로서 (동정인율코 깨닫지 못하고
       혹기 더 외적인 옥지에 집중하려다
    꽁 ─ 주인꽁과 꽁래자의 타협으 이져 불가능하다.
해꼬:

: 님

남당 (거리감?)

...호 사람들 ...

피조 입시

) (셋플행복시작?) ─ 영화 장면

아빠등장 → 당한반 / 베란;존.
(성명: 이정호) 짝 새끼마? 높이증.

나는 부녀회장 ── ⊕ 아파트 인스로이라 → 때까지.
정 (밤라노티준낮) ⊕ 낡아파트 스케치 +(김건. 악의 정부. ⊕ 아파트짱 로아~
─ 배락. ┃┃┃ ⊕ 입원중이 더 받는다.
베란~ ⊕ 운영 (나기녕 역는수) 관+ 낡은 구멍 [김만철]
의 (사긴보기). 아빠메를 "지각!" [지각이 역능?]

일하게 된다
정우

: 인기몬 책임. 홀여라 감 터 이야기 저께먹기 하게 된다 ── 아파트에 대한 자신이 대두.
"시작요?", 영락.

공공성락하며구 (복도.중정) 〔2미생경하게 받아든 이파트
바위벽에 (만주) 나무

"알게돼야"

장.. 다음 ⊕
대?
왔다.

란해한강 버리림 "거기 두두타!"
역음기 밥. → "더 와래?" → 강강술래 → 바위벽까지 다 거짓이버다. 바위벽에가 없는 이야기가 있어
(방영대-정인) (콜 체크&감)
울 분있어가. 뭐라뭔가 덕덕가! 당일
거 유. 시체 발견. "아파트동" < 분명히 그 사람인데.. (정배 ... 대?) 궁궁중 앉은 저로 집게
버릴 것이라고 한다 → (해석. 그 남자가 어제의 그 남자이며, 영락이 거짓말하는 것
을 구게다. (향브 HM. OR 주건음나 서버이 더 둥의 자건들 시버경음.
약속에 얼마. 권반흘과 방빗. 영락 찾아낸다
버벅겨로 둥 가족 영락이 서버구
향에 영락

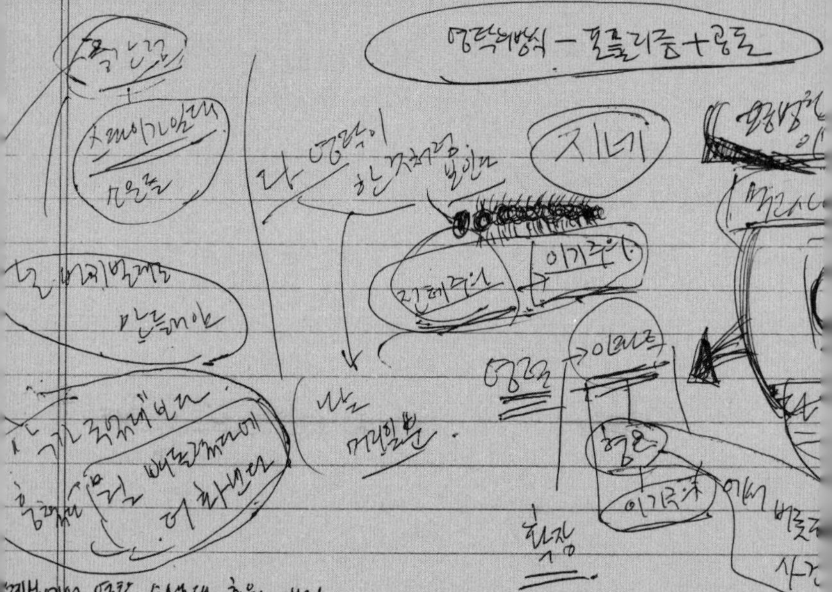

영적어법식 — 줄글리듬 + 링듬

지니

어기주선

리뤠죽선 → 이뤠르

영갈글

힘점

계백에게 영적 쉬시대 출한 얘기.

인물하시크가 ─ (빈복로 비슷했다 동입은 인물)

암설 ─ 한때 수법때웨으나 거장 강어듬 영혼. 옥같이 배롤달리때 사르를 입으킴.
(영혼이 영중 디깝해 주괴언 겉일 볼입히, 둔지 뫞이 나리닐).
" 내가 내릉 몰이다 까족의 방아값숨느네, 그미할슨 거 다 숙거축여우믄다. "

⇒ 옥의 배롬에게 알설수. (진상 → 알설수) ⌐ 청년 ○○◇

따르 걸입이할 때. "바회벅게"라고 써 있는 사체를을 봄.

그옥 묻어봤더니. 치쿼따 아파를 지키는 리정에서 스볼랜느 생긴 것이다.

적들게게 겉을 주려그책숨아줌은 거다. ("충돌이아 가
ㄴ대 ㄴ줄게까ㅈ

" 방아흠. " 강욱에 묻들으오

두이 "아파로놈" 사례가 "바회벅게" 자리의 머달럼.

장. 계략·방법(되풀이) [아파트에서 바퀴벌레의 더함의 허락이 되는 부위의 반항]

운영관 죽은 바다, 홍홍 이런 사례가 화제되거리 저한 데서 나오는
이빠. 혜원. 북녀티강. 무서서 …… 운영. 기빵. 창노.
사람들 바퀴벌레 숙주이 높아질까 걱정 (죽은 다람 방법 어디로 가나 곤혹해 할 수도
좋아있는 아빠./ 운영, 북녀티강 테러에게서 강서를 보다. 바퀴벌

지하·정의 .
촉로서럼 얘기하고, 누녁대 하과 // 복수하야라.

정훈식. 이러 거리에서 잃는 행동이 전복당하거로 + 운홍. (때때) 라 대보라
혜련. 홀아 나서 아람들 거부는데 (대라불눈 둘하고 사매스) 위해서 용해야학! 너
아여막 춤바끼녈. → 영학을 락! 마죽림.   이빨 락! 히히히
                 " 그럭게 놓아나면 (혹 여다이면) 위험칩니다. ㅂ 씨익 "

사망에 나가는 사량둔: 정주로. 41. 42. 43,   일어가 저

북녀비강 - 아빠. "뭐 말기는 게 없어 ".

운영-혜련. 대바. (뭐은 일 없나! 먼녀 안날데, 아우었는 아까지녀? 꼭 바퀴벌레 앙앙느
사랑에서 돌아온 사람들. 정주를 치하. (잔머까거 X)   정바빼는 사랑에서
45.

나량둔은 세계가, 떡학의 죽니 바퀴벌레 적이라고 성각하고 바퀴를 이리한다.)X
10만 허던데니/ 그 바퀴가 나빌 영억인 걸 알게 되니.   아파로사람안녕을
제노 대? 거지빼는 바씨기 > maybe .

이 사량은 죽은 안에 놓겨긴 안겼지만, 내벽인(되 파눈)을 죽이고 있는 거 놀란 것
ㅎ으로 이뵤혹되니 수변거나고 성각에 않으니까.   우리 VS 바퀴벌레
흥은 바퀴라에 치욧 땅어넜다)

46.

영락은 아검 몰라. 장화 찾아버려 없음. 정은 여저는 좋기.   건화빠.

창 거정은 찾아떠려는 한편, 아떠로 국민들 사이에서 정과 고렴되어라느 ㄷ
게기적 사건이 성긴다 //
        그뒷른 끈홍 → 라! 바퀴별레 당첬
             2덕라버니 …

① 아파트 사람들 · l · 있었다. ② 어우러져 있다가

- [민성·명화]

- 주인들 외부인들
  (적대적인
  (회리함

~명택

→ 외부인들은 아
삼릿을 뭇는다.

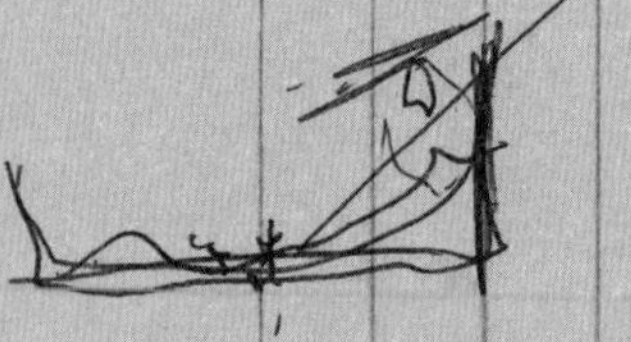

↗ 저작력 (더 외부

아파트는 내려와서도
특껍벙버링.

⑤ 사람들은 이랑굿 않고 이 끄극 을닝대을
읽고 나간다. / 왜? - 어떻게 ?

~~동어원톤의 요명~~ 외부인들의 힘입끼 M.
아라트는 거쳐내었으써, 아파트닐
업정 몰그여 난다.

> [인성 남인자가 된다. X

> [읃 나온다. ~~~

> [아파트.

⑥ 아파트에 수
억줄하끼
아파트닐 ⌒

⌒ 궁아파트 업

⊛ 외무인늘

내보냈다

③ 아파트 '애국은 경세'을 잡아가고
다 갈 될 것 같다.

~ (하지만 몰이 온다~)
~ (인정과 아무나는 갈등하게 된다)

⊕ 그럭저럭해서 밖으로 내쫓더니
다 갈 같다. (분위 온세[ing])
문제 없었다. 오늘제

이때로 아파트는 다 쫓을 것 같은데...

④ 하지만 이고
└ 내부인끼리의
문제가 있다.

- 분배기 대한 문

~ 차별과 차등이 ~
          갈등

(사냥 1. 2등).

이러저러한 분쟁이나

(대부인 경우~ ⨯ 순간)

우리가)

ㄱ 아파트 바깥의 나쁜것 사냥위
아파트 바깥에 나쁜짓가
큰 피해를 짖게 된다 (또하나의 아파트)

아파트 분열한다.

⑧ 우

-⨯-

승리 (영탁의)

아파트의 승승장구.

이로 세상은, 산야자는
행인의 ...
이기심 ...

아직은 놓았다!

다 죽어도
아파트 사람들은
산 것이다.

겨울이 지나가도
... 있을텐데
... 안 버티자, 했는데
... 안 지나가고.
전에 ...

영탁의 정체가 드러난다

① 아파트 사람이 아니다
② 기만자다

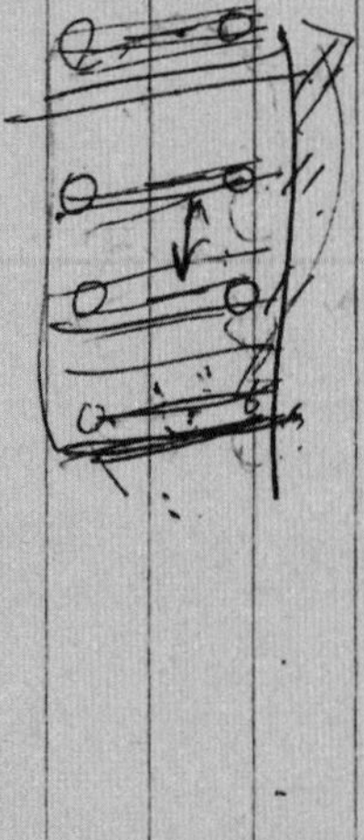

□ 이 아파...

근데 이 사람...

그런데도...

영탁을 내...

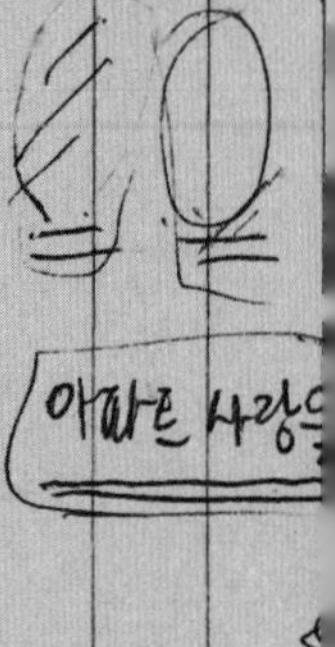

아파트 사람으...

외국인이라는 것

기 ... 변화를 - 숙박과 방법을 가리지 않는 빠른 ... 알아야(알아

지연 할인, 외국인 혜택, 지역 등등   왜?

내국인도 획득 및 ...   어떻게?

... 방법을 가리지 않는 것이 아파트엔 도움이 됐다. (역발. 계획)

정탁의 정체는 폭로되어야 하는가?

"의안"

사랑인이 ...

이, 아파트 사랑에게.

외국인에서 복수하러 들어오다.

... 사람들.

○ 헤런의 등장나 역할   - 연영 ▯
   ↳ 영락의 비밀을 알고 있다.

▯ 〈대북기등의 네거티브 취용.   민성 · 영락 관계성.
                                     ↓
                              인간미. 복합성. ▯   영락의 검사 및 살인의 돌
                                               ★ 영락은 어떻게 영락이
                                                 어디까지 흘려갈 건가.

                              ▯ 오시인전이고 인간적인 오랩. (진짜임)
                              ▯ 죽음로 선영한 피비방 (귀선결속?)   }

                                     선률가의 자결 · 진?
                                          ↓
                                     영락은 진짜로 가치관
                                     인고 있음 - 아래로

▯ 콜라신토씨 송리기 - (영락의 인간성을 보활한 우물)
  · 쉬써 되고 월일에 말기길

▯ 인당. - 해양캐이고 선병한 인병.

리먼 세계에게 리어 영락을 알지만, 내방 당하고   보노타이능.
                                흑은 내벌 인옹이라는 걸 뒤늦게 알게 되고. │ 어렴하고─

거짐을 빨리 겁을 다음에, 영락을 덮게 안젊구. 인간적으로 만드는 것..

▯. 아리이버.

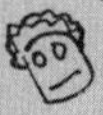

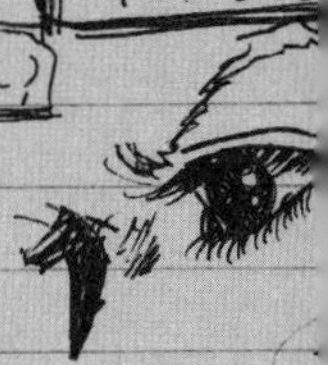

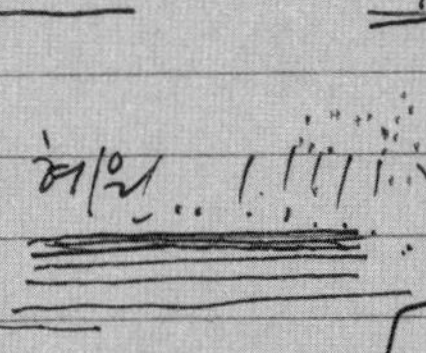

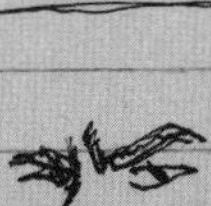

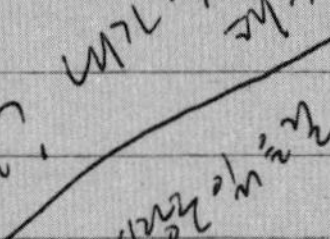

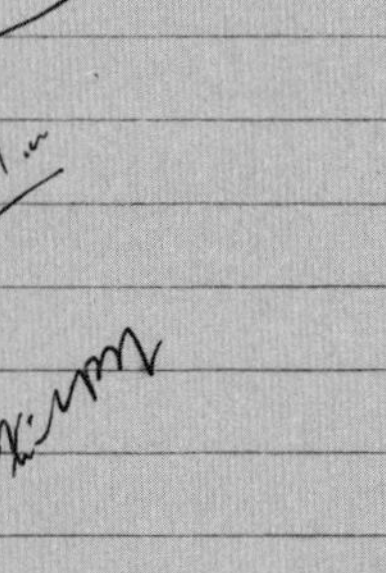

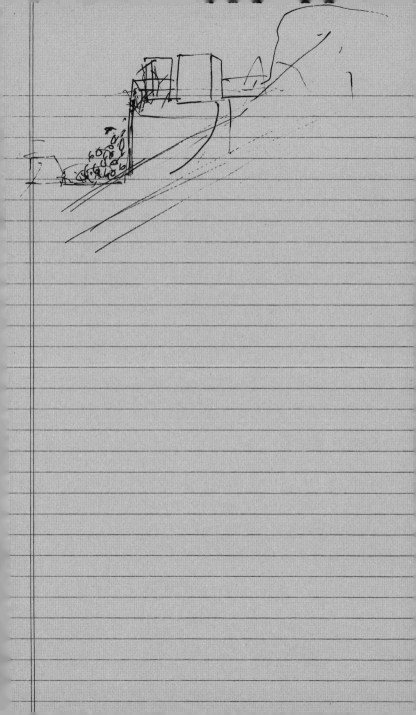

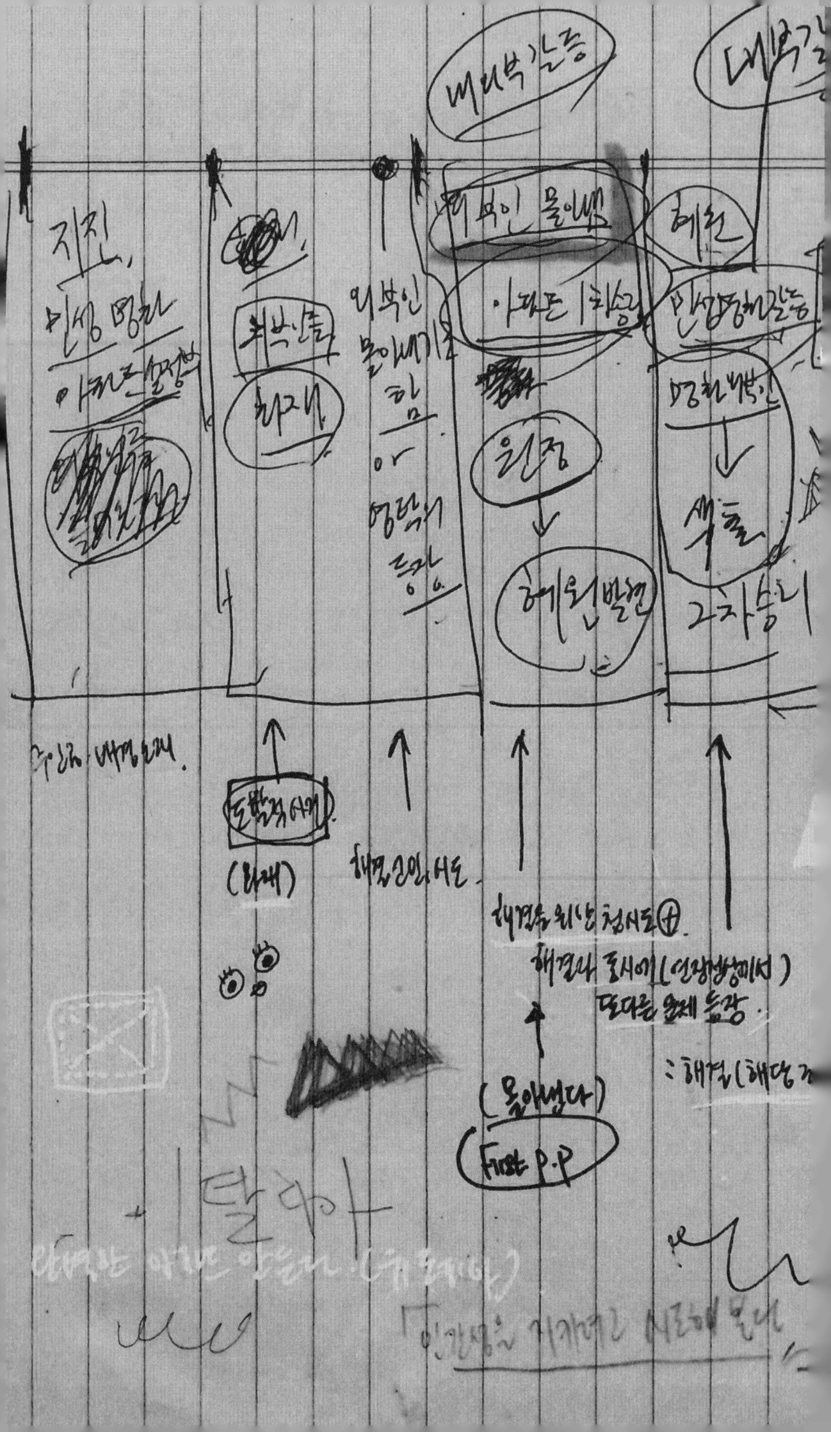

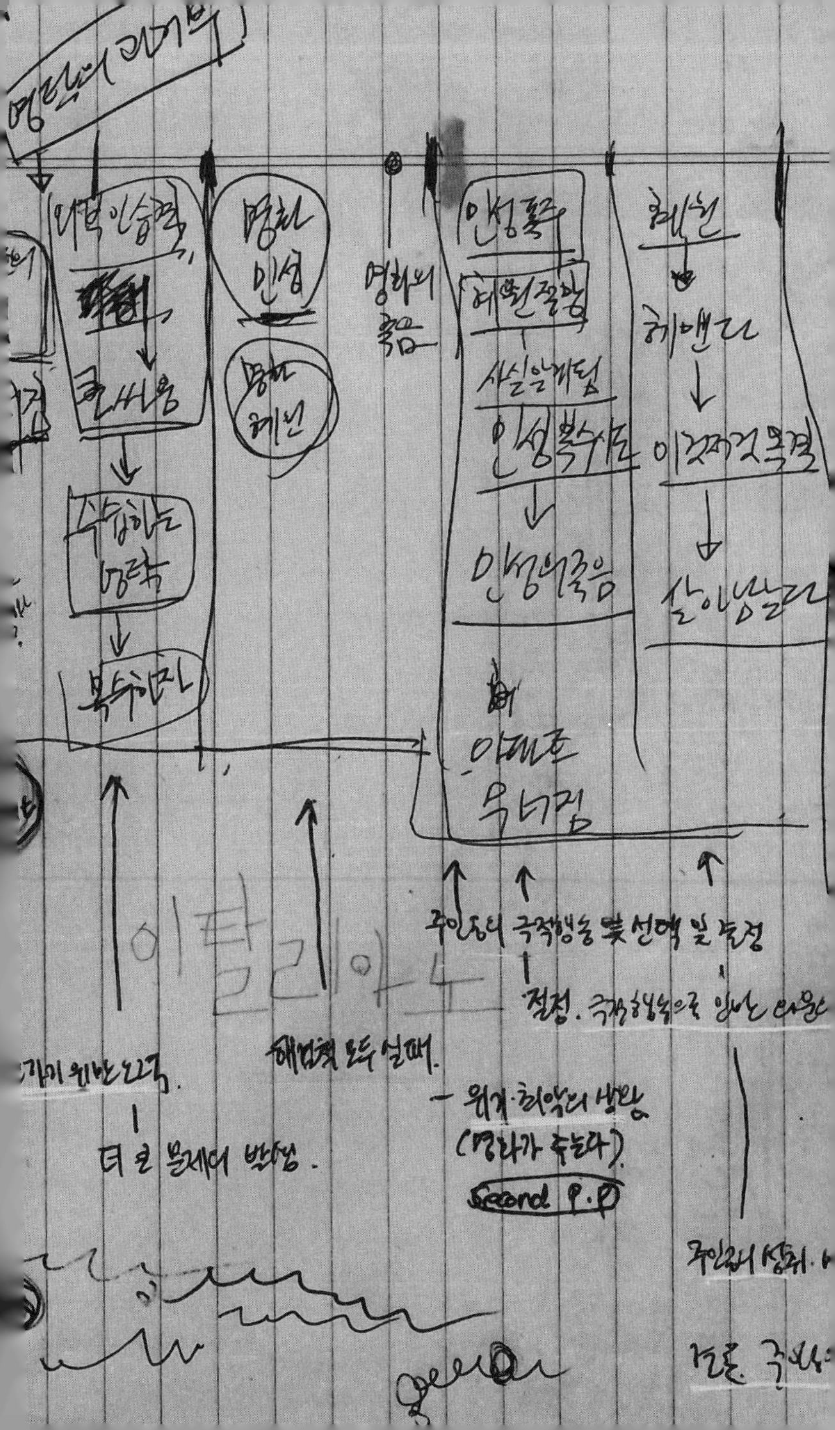

영화의 기기부

내면 인승력	명화 인성	영화의 죽음	안성폭주	회원

내면 인승력
~~폭주~~ → 큰 싸움 → 수잉하는 명탁 → 복수마니

명화 인성 · 명화 케인

영화의 죽음

안성폭주 → 디원결합 → 사실일계덤 → 인성복수로 → 안성의죽음 → 미· 이태촌 욱니김

회원 → 헤맨드 → 이것저것 목격 → 살인발뜨

이탈리아 4

주인송의 극적행동 및 선액 및 뉴정
  절정. 극중행위로 일난 리유

해법적 도두 설때.
  - 위기 · 허약의 방랑
  (명라가 축눈다)
  Second P. O

가기 위반 르르 .
  터 로 몰래어 반성 .

주인의 성화 · 나

절론. 극씨

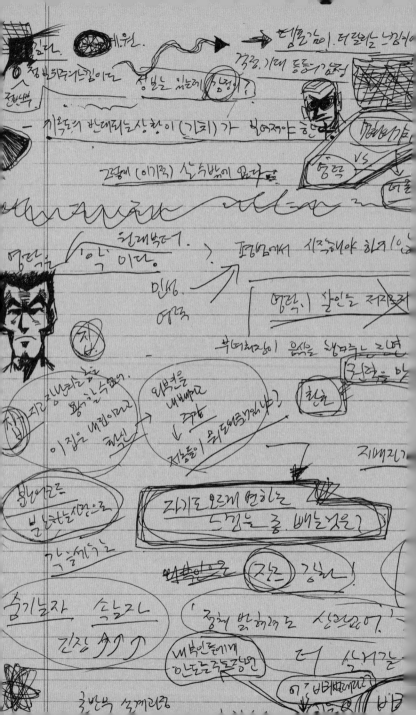

...진 → 아파트를이도 안성 → 명화안남 →/차에서기다리다 다시 아파트로
...리리리 → 외부인을 들여옴 불편함을 느낌 → 라재사건, 영탁들

...의 대통선... 외부인들 배배해야 한다는 의견 → 명화, 우려함 -
외부인 배배는 과정. → 안성 처음으로 목극을 쓰게됨. 충격. → 집에

상처를 치료해주는 명화. → 아기를 위해서 그런거다.
나도 알아... 어쩔수가 없었어

광...비리... 나...돼 음...을 찾아가서 → [██] ? [██] 아니드냐 ?

남편 배달러라 함 → 영탁, 인성끼리 물이룸 ▷ 안성, 계속 라침드고 ...

...식을 차르러 가봅시다 → 음식 준...노...도 성공! 나 ~ → 들어가는 ...
안성 더 폭격기 박숙해짐
(인성이 안...)

...레긴끼리도 들음 → 현영끼리 연대 → [노...특급] → [██] 혜
약?

[명화에 의해 됐다고 한다] → [성과 명화내...그리게드?]
영화도 ... 진실 말하는거로 배려가능? 명화는 →
[그건 인성은 왜?] [그런선택을] 진...실에서 선택? .

...화, 인성이 계속 하겠다고 하나 진심으로 가있음. 특...인성요?
...성이 가져인... 안 받음. / (혜린 통해서 전달하는
...런 목극으로 죽여끼니 전달함.

...특, 덜 죽음이후 움직이는 걸로.

대담

이은선

이신지 × 엄태화

Interview

원작 웹툰 <유쾌한 왕따>는 지진으로 학교에 갇혔
던 아이들, 즉 외부인이 아파트로 향하면서 시작하
는 이야기입니다. 반면 <콘크리트 유토피아>의 각본
은 아파트 주민들로부터의 이야기 진행을 선택하면
서 꽤 적극적인 시점 이동을 보여주는데요. 말하자
면 '관찰자의 시선'에서 '질서를 만드는 실행자'로의
이동이죠.

엄태화   처음에는 원작의 아이들과 가장 가까
운 인물인 혜원(박지후)을 주인공으로 이야기를
풀어가다가, 4고쯤에서부터 민성(박서준)과 명화
(박보영)를 중심에 놓는 변화를 택했어요. 재난 상황
에서 한 집단이 자체 시스템을 갖춰가는 과정을 보
여주려면 그 안에서 좀 더 능동적으로 움직일 수 있
는 인물이 필요하다고 판단한 결과죠.

이신지   혜원에게 아파트는 돌아가기 싫지만 돌
아가야만 하는 장소인 반면, 그곳을 재산으로 소유한
사람들에게는 의미가 다를 수밖에 없어요. 특히 신혼
부부에게 아파트는 '영끌'로 이뤄낸 자산일 뿐 아니
라, 사회에서 정한 정상성 혹은 안전망으로 편입했
다는 증거이기도 할 거예요. 집으로서의 공간, 계급
을 보여주는 단위 등 아파트를 둘러싼 한국사회의 다
양한 층위를 보여주려면 지금과 같은 주인공 구조로
이야기를 전개하는 게 중요하다고 생각했어요.

영화는 한국사회가 '아파트 공화국'으로 변모한 과정이 담긴 다큐멘터리 보도 몽타주들로 문을 엽니다. 이 효과적인 도입부는 각본에도 자세히 묘사하셨던데요.

엄태화　초기 단계부터 가지고 있던 아이디어예요. 각본을 쓸 때는 한국, 그중에서도 서울의 아파트가 어떤 식으로 생겨났는지 보여주는 뉴스 보도 몽타주 정도를 생각했어요. 그런데 그게 기존 재난영화들의 방식에서 크게 벗어나는 구성은 아닌지라, 어떻게 하면 조금이라도 다르게 만들 수 있을까 고민하다 떠오른 것이 KBS <모던코리아>였어요. 평소에 즐겨보던 프로그램이기도 하고, 아파트 개발과 역사와 관련해 각본에 도움을 받기도 했고요. 그렇게 <모던코리아> 팀에서 제공해주신 아카이빙을 활용하게 됐죠.

자료화면 몽타주에 바로 지진 상황이 이어지는 시작이라는 점에서 전복적인 인상도 받았어요. 일종의 불경한 쾌감도 느꼈는데요. 사유재산을 기준으로 확고하게 분류된 사회적 계층이 뒤집히고, 새로운 질서가 시작된다는 상상을 하게 된 것 같습니다.

이신지　말씀하신 전복적 쾌감에 동감해요. 각본에 '이 도시, 이 시대의 진정한 유산인양 유구한 모습으로 서 있는 아파트들' 같은 문장을 적어둔 적도 있어요. 아파트가 마치 바벨탑 같은, 동시대 문명의 업적처럼 보이다가 한순간 전복된다는 이미지는 처음부터 고려했던 콘셉트입니다. 표면적으로는 재난 상황의 상상력을 자극하는 설정이기도 하고, 서사적으로는 부조리함을 표현할 수 있다고 봤어요. 지금까지 존재했던 모든 세상이 통째로 무너져 내려도 인간 사회는 똑같은 방식으로 재형성된다는 이야기를 담는 영화니까요.

엄태화   오늘날 우리가 사는 세상이 어떤 곳인지 상기할 수 있고, 동시에 영화의 세계관을 설명하는 장르적 선언으로 받아들여지면 좋겠다고 상상하며 오프닝 시퀀스를 작업했어요. 최종적으로는 민성이 길 위에서 재난 상황을 맞닥뜨리는 대목이 영화의 중반부에 등장하게 됐는데, 원래 순서는 오프닝 바로 다음이었어요. 살아남은 민성이 집까지 가는 과정을 길게 묘사했었죠. 장르영화임을 생각하면 분명 그런 스펙터클을 보고 싶어서 오는 관객도 있겠지만, 말씀하신 것처럼 전복적이면서도 강렬한 시작점을 만들고 싶다는 바람이 점점 더 커졌던 것 같아요.

오프닝에 바로 이어지는 장소는 민성과 명화의 집이에요. 각본에는 '지극히 평범한 20평대 아파트'라는 묘사가 있습니다. 어떤 이미지를 상상하신 걸까요?

엄태화   한국 사람들은 유행에 특히 민감하잖아요. 평범하다는 건 그걸 따르는 일이기도 할 거예요. 요즘은 신혼부부들이 셀프 인테리어 하는 경우가 많으니, 민성과 명화의 집 역시 블로그와 SNS를 열심히 찾아보고 꾸몄을 법한 분위기가 났으면 했어요. 그런데 명화가 인테리어에 딱히 이렇다 할 취향과 흥미는 없을 것 같아서, 이케아(IKEA)에 가면 있을 법한 흔한 모습이 핵심일 거라고 상상했죠. 실제로 편집기사님이 본인 집과 너무 똑같아서 놀랐다고 말씀하신 적이 있어요. 심지어 전자제품 브랜드도 똑같다고.

이신지   이 부분은 콘티 이후 단계에서 감독님께서 구체적으로 발전시킨 이미지라, 저는 실제 완성된 장면으로 목격하는 것이 무척 재미있었어요. 다만 글을 쓸 때는 집이 그들의 생활 양식을 구체적으로 보여줘야 한다고 생각했죠. 제게 '지극히 평범한 20평대 아파트'는 특정하게 규정된 삶의 모양을 상상하게 했어요. 서울의 20평대 아파트를 '영끌'해서 장만하는 부부라면 둘 다 대출이 잘 나오는 직업이어야 하고, 대출 이자와 원금을 갚아 나가려면 맞벌이를 포기할 수 없을 테고, 그러려면 매일같이 장을 볼 시간이 없을 테니 주말에 대형 마트에 가서 장을 봐올 거라는 식으로 상상하는 거죠. 인테리어에 많은 돈을 쓸 순 없지만 신혼이니까 꾸미고는 싶은, 그런 상황까지 반영하는 표현이라 생각했어요.

엄태화   실제로 두 사람이 집을 구하는 과정을 최대한 구체적으로 상상하며 얘기를 나눠보기도 했어요. 각각 공무원과 간호사가 직업인 신혼부부가 얼마까지 대출을 받을 수 있고, 부모님의 지원이 어느 정도 있어야 가능한지, 대출 이자는 얼마일지 등등까지요. 민성과 명화의 공간뿐만 아니라 모든 등장인물들의 집이 하나의 캐릭터라고 생각하고 접근했는데, 그 과정에서 다큐멘터리 <집의 시간들>(2018)도 큰 도움이 됐습니다. 집주인의 내레이션과 그들의 공간만 비추는 다큐멘터리인데도 그 집에 어떤 사람이 사는지 잘 알겠더라고요. 미술감독님께 보여드리고, 다큐 속 집을 참고해서 미술에 반영하기도 했어요. 평형과 구조는 동일하지만 누가 사느냐에 따라 달라 보이게 만드는 것도 재미있었죠. 실제로 촬영할 때 같은 세트를 다른 공간으로 바꿔 찍은 적도 있어요.

누구의 집을 어떻게 바꿨나요?

엄태화   영화 속 황궁아파트는 기역(ㄱ) 자 구조인데, 15층 라인은 24평형이고 12층 라인은 32평형으로 설정했어요. 부녀회장 금애(김선영)와 도균(김도윤)이 동일한 32평형이라 금애 집을 먼저 찍고, 이후 미술 세팅을 바꿔서 도균의 집으로 만들었죠.

주민 대표를 뽑는 반상회 시퀀스는 대규모의 인원이 밀집해서 대화를 나누는 장면인 만큼, 대사의 리듬을 특히 중요하게 고려하셨을 것 같습니다. 실제로 해당 신의 목표는 무엇이었나요?

이신지   재난 상황이 일어난 뒤 아파트에서 현실적으로 일어날 법할 상황을 상상해 본 것 중 하나였어요. 블랙 코미디의 느낌으로 다룬다면 재미있게 변주될 것 같았죠. 짐짓 가장 민주적이고 합리적인 과정을 거친 의사결정을 통해 얼마나 잘못된 결과가 도출될 수 있는지 보여주는 넌센스가 중요하다고 생각했어요. 영화 본편에선 빠졌지만, 사람들이 재난의 원인을 유추해 보는 유일한 장면이기도 했죠.

그래서 각본에는 대륙이동설을 설명하는 '굴껍질남'이 등장하는 거군요.

엄태화   원래는 촬영도 다 했어요. 노숙자들끼리 과거 러시아에서 일어난 봉기를 얘기하며 역사가 반복된다고 이야기하는 장면(79신)도 찍었죠. 러닝타임 문제로 개봉 직전에 편집에서 뺄 수밖에 없었는데, 블루레이를 통해서는 공개할 예정이에요.

영탁은 매 등장마다 관객을 사로잡는 인물이지만, 특히 반상회에서 이병헌 배우의 연기는 사소한 것까지 탁월하다는 인상입니다. 이름을 적어야 할 때 글자 순서를 조금 특이하게 쓴다든가, 귤껍질을 주머니에 넣으며 쭈뼛거리는 모습까지 각본상에 없는 디테일이 많더군요. 이 장면을 포함해서 각 캐릭터를 연기한 배우들의 힘을 실감하신 순간은 언제인가요?

엄태화　'김영탁'을 쓸 때 영탁이 주저하며 'ㅁ'부터 쓰는 아이디어는 이병헌 배우가 먼저 제안하셨어요. 글씨 클로즈업은 스태프들이 대신 찍으려 했는데, '내가 쓰고 가지 뭐' 하고 잠시 생각하시더니 아이디어를 주시더라고요. 영탁은 각본상에서는 훨씬 의뭉스러운 악역이었죠. 이병헌 배우는 원래부터 뚜렷한 의도가 있었다기보다, 어쩌다 대표가 됐고 그러면서 조금씩 바뀌어가는 인물의 변화를 탁월하게 표현해 주셨어요.

이신지　저는 모든 배우들이 보여주신 각자의 해석이 전부 놀라웠어요. 그중에서도 민성을 연기한 박서준 배우에게 감탄했죠. 평범함을 연기하는 게 정말 어려운 일이라는 생각이 들어서요. 와중에 민성은 미묘하고 점진적인 변화를 겪어야 하죠. 후반부에 민성이 무너진 백화점 푸드코트 안으로 진입하려 시체들이 쌓인 좁은 통로를 기어갈 때, 누군가의 손을 보고 자신이 구하지 못했던 여자를 떠올려요. 인간성을 지키기 어려운 상황에서 사람이 과연 어디까지 윤리적일 수 있는지 스스로 질문하는 순간에 다시 한번 봉착한 셈인데, 그동안 가족과 아파트를 지키기 위해 바깥에서 자신이 했던 모든 일을 떠올리는 얼굴을 표현하

409

신 게 인상적이었어요. 외부인들의 재습격 때 함께 문을 틀어막고 있는 명화를 바라보는 민성의 표정도 기억에 남아요. 어쩌다가 이 상황까지 온 건지, 내가 명화의 말을 들었다면 어땠을지 등등 정말 많은 것들을 복잡하게 떠올리는 표정이죠. 대사가 없는 장면인데도 모든 언어가 느껴지는 것 같았어요.

엄태화　　민성은 변화의 폭이 가장 큰 인물이다 보니, 중요한 지점마다 박서준 배우와 함께 정말 많이 논의했어요. 아예 촬영할 때마다 몇 가지 다른 버전의 민성을 계속해서 촬영했죠. 편집에서 가장 알맞은 것을 골라 쓸 수 있도록요. 예를 들어 방범대가 마트를 습격하고 나서, 쓰러진 마트 주인과 울고 있는 가족을 바라보는 민성의 표정만 해도 서너 가지 버전을 찍었어요. 박서준 배우는 죄책감에 사로잡힌 민성, 그래도 내 잘못은 아니라고 합리화하는 민성, 어쩔 수 없다고 덤덤하게 넘기는 민성 등 미세하게 다 다른 버전을 연기해 주셨죠.

황궁아파트 주민들이 새로운 주민 수칙을 설명하는 대목도 반상회 장면만큼이나 인상적이죠. 아파트 광고는 늘 기계적으로 행복을 강요하는 듯한 인상을 주는데, 그 점을 역설적으로 활용한 흥미로운 장면이었습니다. 블랙 코미디의 기운이 강한 영화의 초중반부를 마무리하는 인상적 방점이기도 하고요.

엄태화　　콘티 작업할 때 조형래 촬영감독이 우스갯소리로 던진 아이디어를 반영해 썼어요. 왠지 재미있을 것 같다는 이유 모를 확신이 들더라고요. 아파트 광고를 풍자할 수 있는 좋은 기회이기도 하고요. 막상 제가 찍겠다고 하니 촬영감독도 의아해하고, 배우들도 '이렇게 해도 되나'라는 불안이 있었던 것 같아요. 그럼에도 모두 믿고 따라와 주셔서 탄생한 장면이에요. 영탁이 정면을 바라보며 직접 이야기하는 것을 포함해 찍어놓은 장면이 훨씬 많은데, 편집에서 덜어내야 했던 것이 아쉽죠. 김해원 음악감독이 배경 음악으로 고른 조수미 선생님의 '봄의 왈츠'도 탁월했다고 봅니다. 2002년 월드컵의 환희가 다시 느껴진다고 할까요.(웃음)

어느 순간부터 황궁아파트 주민들은 바깥의 생존자들을 자연스럽게 '바퀴벌레'라고 부릅니다. 사소하지만 중요한 설정이죠. 이름 붙이는 순간 특정 시선과 감정이 작동하는 단어라는 점에서요.

이신지　원작 웹툰에도 있는 표현인데, 중요한 단어라고 생각해서 그대로 썼어요. 어떻게 보면 '외부인'이라는 단어가 더 강력하고 직관적이죠. 다만 혐오를 작동하게 만드는 단어가 '바퀴벌레'였다고 생각해요. 단순히 안과 밖을 구분하기 위해서가 아니라, 나와 타자를 혐오감으로 가르면서 부정한 힘을 갖죠. 현실에서도 '~충'이라든가, 특정 나라에서 온 사람들을 비하하는 단어 등이 있잖아요. 그건 이미 배척하기로 마음먹은 데서 고안된 단어들이라, 한 집단의 성격을 더욱 견고하게 몰아가도록 기능해요. 누군가는 언어를 통해 잘못된 권리를 획득하기도 하고요.

처음 그 단어를 쓰는 사람이 누구일지도 중요하게 생각하셨나요?

엄태화　방범대원들이 마트를 습격한 뒤 돌아오는 길에 노숙자들을 발견하고, 그때 청소년 무리 중에 가장 앞장서는 아이가 '바퀴벌레'라는 표현을 써요. 각본을 쓰면서 이런 재난을 맞닥뜨렸을 때 누가 가장 감정적으로 두려울까를 생각해 봤어요. 성인이 되기 전, 그러니까 자기 주관이 뚜렷하게 생기기 전

방범대 같은 집단에 들어가서 앞장서는 행동을 하기 시작하는 아이들이겠더라고요.

이신지   실제로 각본 초기 단계에서 특정 단어가 만들어지는 게 위에서부터일까, 아니면 내부적인 공포로부터 자연 발생하는 것일까 하는 생각들을 나누기도 했고요.

각본 단계에서 가장 마지막으로 추가된 인물은 누구인가요?

이신지   도균이에요. 작업 초반에 비슷한 인물이 탄생했다가 중간에 사라지고, 각본 수정 거의 마지막 단계에 재등장하게 됐어요. 어떻게 보면 도균은 명화에서 많은 부분이 파생한 인물이에요. 실제로 이전 각본에서는 현재 영화에서 도균이 하는 역할들을 명화가 하기도 했죠.

엄태화   원래 도균은 세대론적 접근으로 탄생한 인물이기도 했어요. 영탁, 민성, 혜원은 각 세대를 대표하는 인물이죠. 영탁이 상징하는 것이 가부장이라 했을 때, 동 세대라도 조금 다른 가치관을 지닌 캐릭터를 만들어서 일종의 균형을 맞추고 싶었어요. 6.25 전쟁을 겪었다고 말하는 원작 속 할아버지를 반영해서, 영탁과 세대는 동일하지만 다른 생각을 가진 인물로 발전시키다가 캐스팅을 고려해 지금과 같은 인물이 됐죠. 그러면서 직업 역시 인테리어 디자이너로 바뀌었어요.

각본상에는 '바퀴벌레 색출'이 시작되는 70신에 도균이 극심한 따돌림과 린치를 당하는 묘사가 자세히 나옵니다. 그 모습을 지켜보던 혜원은 자기 집 문에 붉은 글자로 쓰인 '바퀴벌레'라는 글자를 보고, 이어 '점처럼 작게 보이는 혜원, 층층이 위아래로 쌓인 콘크리트 복도에 갇힌 듯 보인다'라는 묘사가 이어집니다. 직관적인 이미지를 떠오르게 하는 장면인데, 최종적으로는 삭제됐어요.

엄태화　　이것 역시 촬영은 다 했어요. 심지어 김도윤 배우의 마지막 촬영이었던 것으로 기억해요. 바퀴벌레 이야기를 처음 꺼냈던 아이들이 도균을 폭행하고, 그 과정에서 도균은 오물을 뒤집어쓰기도 하죠. 막상 편집을 하다 보니, 선을 넘는 아파트 사람들의 악행을 참다못한 도균이 마지막 선택을 내리는 이유가 항거가 아닌 괴롭힘 때문인 것처럼 의미가 좁아지는 느낌이 들더라고요. 혜원의 장면도 '방역' 시퀀스 자체의 흐름을 고려하다 보니 제하게 됐죠.

이신지　　'바퀴벌레'라고 부를 수 없는 사람, 즉 혜원에게까지 그렇게 이름 붙여서 색출하는 건 이야기상 하나의 레이어가 더 있는 거라서, 시리즈가 아닌 이상 충분히 다루기 어렵다고 판단한 것 같아요.

각본에는 본편에서 삭제된 인물 동선이 좀 더 자세하게 나옵니다. 아들이 죽은 것을 확인한 금애가 영탁에게 앙심을 품고 그를 철근으로 찌르죠. 또한 혜원이 살아있으며, 명화가 향한 새로운 아파트에 함께 머물고 있다는 암시를 주기도 합니다.

엄태화 엔딩은 누가 살고 누가 죽는지에 대한 것부터 시작해서 수십 번은 바뀌었어요. 모두 죽고 혜원만 살아남는 버전도 있었고, 아파트가 무너지는 버전도 있었죠. 결론적으로는 도덕적인 기준을 가졌고, 가장 많은 질문을 던졌던 사람인 명화가 살아남는 것이 영화 자체를 커다란 질문의 형태로 남길 수 있는 방법이라고 봤어요. 금애가 철근으로 영탁의 옆구리를 찌르는 건, 아파트를 이야기하는 영화에서 꽤 상징적인 이미지로 보여서 끝까지 고민했어요. 김선영 배우의 연기도 정말 좋았죠. 다만 극의 흐름상 영탁의 비밀이 밝혀지고, 외부인들이 다시 들어와서 싸움이 벌어지고, 민성과 명화가 아파트를 벗어나는 이 모든 과정에서 에너지 소비가 너무 큰 것 같더라고요. 일단 보는 제가 지쳤어요.(웃음) 영탁의 끝은 특정 액션이 아니라, 그 사람의 정서를 보여주는 것으로 닫는 것이 좋겠다 싶었죠. 촬영 자체는 영탁이 옆구리에 철근이 박힌 상태로 집에 들어가는 모습이었어요. 이후에 CG로 철근을 다 지운 거예요.

이신지 누가 끝까지 살아남는가는 정말 치열하게 고민했어요. 그랬을 때 혜원은 살아남을 자격이 없는 게 아니라, 그저 이 소용돌이 안에서 살아남기 쉽지 않은 인물이더라고요. 영탁과 대척점에 있고, 아파트 전체가 지닌 괴물 같은 면모를 드러나게 하는 인물이고, 또 약자이기도 하니까요.

엄태화　혜원의 마지막을 고민하면서는 '바퀴벌레'라는 말을 아무렇지도 않게 하는 10대 남자아이들, 죽은 사람의 치아를 가지고 노는 더 어린아이들의 장면을 떠올렸어요. 우리 사회가 과연 이 아이들을 잘 지킬 수 있을까 생각하면, 회의적이었던 것 같아요.

살아남은 명화가 당도하는 곳은 부동산의 측면에서 보자면 황궁아파트보다 훨씬 비싸 보이는 또 다른 아파트입니다. 다만 옆으로 완전히 넘어져 있죠. 이런 공간을 선택한 이유는 무엇이었나요?

엄태화　마지막 장소를 생각할 때, 너무 판타지 같은 느낌은 아니었으면 했어요. 전체적인 세계관 안에서 어느 정도는 납득이 되는 정도의 다른 삶을 사는 사람들이 모인 곳을 생각했죠. 아직 황궁아파트처럼 특정 시스템은 만들어지지 않은 곳이었으면 했고, 그러니 이후 어떻게 변해갈지 모를 여지도 남는 공간이어야 했죠. 처음에는 황궁과 비슷한 느낌의 아파트를 생각했다가, 처음 화면에 등장할 때 '이 좋은 집은 어디지'라는 궁금증을 줄 수 있다면 결말의 아이러니가 좀 더 명확하게 살 것 같았어요. 옆으로 넘어진 기둥 같은 형태는, 뒤에 산이 버티고 있고 옆으로 길어서 넘어질 수 없는 황궁아파트와는 완전히 다른 외관이라 선택했어요. 명화가 마지막에 당도한 곳이 서울역, 명동성당 부근이라고 설정했기 때문에 실제 그곳에 있는 아파트들의 외관을 참고하기도 했습니다.

명화가 구조대를 만나는 장소가 명동성당이었군요. 흑과 백, 회색, 붉은색 정도만 제한적으로 사용하던 영화의 색채가 스테인드글라스를 통해 한꺼번에 쏟아지는 느낌을 주는 장면이죠. 종교적 의미가 느껴지기도 하고요.

엄태화 　'이런 색도 존재할 수 있는데 그동안 왜 그렇지 못한 세상에만 있었을까'라는 질문을 던져주고 싶어 떠올리다 보니 스테인드글라스가 생각나더라고요. 애초에 '아파트 신앙'에 대한 이야기이니 글 자체에도 종교적 메타포가 있죠. 전체적으로는 성경 출애굽기에서 사람들이 모세를 따르다가 또 금방 뒤돌아서기도 하는 모습들을 차용하고 싶었던 마음도 있었고요.

인물들 각자의 엔딩을 좀 더 얘기해 볼까요? 한국인이라면 영탁의 마지막 대사인 "씨발... 남의 집에... 신발을 신고..."를 인상적으로 기억하지 않을 수 없죠.(웃음) 영탁의 퇴장이 너무 비장하지만은 않기를 바라셨나요?

엄태화 　가부장이라는 가치관을 대표하는 인물이고, 일종의 빌런이기도 했으니 이 사람에게 어느 정도의 연민을 가지게 하는 마무리여야 하나 고민이 많았어요. 이병헌 배우의 참여로 영탁이 좀 더 연민 어린 인물이 된 것도 사실이고, 개인적으로 저는 영탁에게서 부모님 세대의 모습을 많이 떠올리기도 했거든요. 중요한 인물의 퇴장이니 비장한 음악을 쓸 수도 있지만, '즐거운 나의 집'이 흐르면 좋겠다는 생각은 처음부터 가지고 있었어요.

이신지 영탁이 안타고니스트라는 건 부정할 수 없지만, 저희는 소위 걸친 세대라 그런지 영탁에게 공감 가는 측면도 많았어요. 가족과 집이라는 이데올로기를 지키기 위해 그 안에서 모든 것을 정당화하는 그런 세대의 뒷모습을 보고 자란 데서 비롯된 연민이 있거든요. 영탁의 마지막을 압도적인 카타르시스가 느껴지도록 처리할 수만은 없었죠. 저는 영탁의 마지막 모습에 피와 땀에 젖은 양말이 보이는 게 정말 슬프고 좋아요. 목숨을 바칠 정도로 땀과 피를 쏟아서 무언가를 지키고자 했는데, 결국에는 그게 악행이었다는 결론에 도달한 세대의 슬픔이 보인다고 해야 할까요. 역사도 결국 그런 연속성 안에서 매번 다르게 평가되는 것이고요. 그 모든 것이 집약된 장면이라고 생각해요.

엄태화 대사는 SNS에서 본 게시물에서 떠올렸어요. 실내에서 신발을 벗는 것에 예민한 한국 사람들에 대한 유머러스한 밈이었어요. 제가 지금 해외 영화제 일정을 소화 중인데, 여기에서 사람들을 만나 물어보면 다행히 그 대사의 의미를 이해하더라고요. 외국도 많이 바뀌는 중이라면서.(웃음)

실제로 극 안에서 영탁은 민성의 아버지 세대를 대변합니다. 두 사람은 각자의 세대에서 가부장의 역할을 짊어진 부자관계 같은 측면이 있고, 지도자와 후계자 구도로 보이기도 하죠. 영탁과 민성의 관계성은 어느 정도로 고려하셨나요?

엄태화 각본 초기 단계에서는 가부장의 전달, 전승의 키워드가 훨씬 노골적이었어요.

이신지 가족을 위해서는 당장 곡괭이라도 들고

나갈 각오가 된 영탁에 비해, 민성은 근원적으로는 같지만 조금 다른 감각으로 가족을 생각하는 세대라 봤어요. '무엇이든 해야 한다'는 부분에 있어서 조금 덜 준비가 된 어린 가장인 거죠. 아내인 명화가 워낙 진취적인 인물이기도 해서, 재난 상황 전에는 가정 안에서 부부의 역할 크기가 비슷했을 거예요. 민성이 어떻게든 지켜주겠다고 말할 때 명화가 귀여워하는 것도 마찬가지 이유고요. 그런데 상황이 극단적으로 변화했을 때, 민성은 외부적으로 요구받는 변화가 생기죠. 영탁과 민성은 말씀하신 것처럼 유사 부자의 관계이기도 하고, 조직의 보스와 이인자 같은 구도이기도 하고, 거짓 선지자와 그를 섬기고 따랐던 신도 같은 면도 있어요.

두 사람은 손으로 얽히는 관계이기도 해요. 민성은 구하지 못했던 손을 떠올리고, 영탁은 언젠가 구하지 못한 가족의 손을 잡고 오열했던 사람이죠. 그밖에도 영화에서 손의 이미지는 여러 차례 중요하게 변주, 제시됩니다. 특히 민성이 구하지 못한 손, 백화점 푸드코트로 진입할 때 보는 여자의 손은 미묘하게 혜원의 네일아트를 떠오르게 하죠. 인물들의 선택에 따라 혜원이 '우리가 구해야 할 손' 혹은 '끝내 구하지 못한 손' 중 무엇이 될지 관객에게 묻는 인상이라고 할까요.

엄태화   그 해석을 들으니 앞으로는 그렇게 답을 해야겠다는 생각이 듭니다.(웃음) 각색을 거치다 흐려진 부분인데, 혜원에게는 원래 학교를 그만두고 네일아트 기술을 배운다는 배경이 있었어요. 농인을 위해 봉사도 하기 때문에 수어도 할 줄 알죠. 각본에서는 '바깥은 어떠냐'는 명화의 질문에 혜원이 수어로 '지옥'이라 답하는 걸 보실 수 있어요.(60신) 사실 민성이 구하지 못한 손에서 시각적으로 더 중요하게 생각했던 건 네일아트보다는 하트 문신이었어요. 푸드코트에 진입하는 장면에서, 민성의 트라우마와 바로 연결될 수 있는 시각적 장치가 필요했죠. 그 밖에도 손은 의도적으로 연출한 장면이 많아요. 황도를 건네던 민성의 손을 나중에 누군가를 때리는 모습으로 연결시킨다든가, 시체들을 묘사할 때도 일부러 손을 보여준다든가.

이신지　　손으로는 누군가를 쓰다듬거나 악수할 수 있지만, 사람들을 때리고 죽일 수도 있죠. 그 극단적인 대비를 많이 고려했던 것 같아요.

인물 간 갈등은 선과 악의 대립이라기보다 상식선에서 펼쳐지는 이타와 이기 사이의 딜레마 때문에 발생합니다. 따라서 개별의 특수성과 의외성을 보여주기보다는, 각 캐릭터들이 보편적으로 할 법한 행동 묘사가 더 중요했을 것으로 보입니다. 하지만 이는 어느 지점에서 '캐릭터들이 정해진 흐름대로 가고 있다'는 인상을 주기도 합니다. 이를테면 명화는 간호사이고, 자신의 직업윤리 대로 움직이는 사람입니다. 민성은 공무원이기에 무리 질서를 최대한 따르며 개인의 개성을 드러내는 데는 주저함이 많죠.

엄태화　　어떻게 보면 우화에 가까운 이야기이다 보니 직업 설정은 어느 정도 필수적이었어요. 인물마다 상징하는 가치관이 필요했기 때문에 그에 맞는 직업을 준 거죠. 예를 들면 영탁이 군인 출신인 것도, 아파트가 군사 정권 때 들어선 것이라는 맥락에서 비롯된 거예요. 인테리어 디자이너인 도균의 집을 보면 르 코르뷔지에의 그림이 붙어있어요. 인간 중심의 주거 형태를 만들려던 건축가이지만, 그의 사상은 한국으로 넘어오면서 완전히 다른 맥락이 됐다는 점을 은근하게 심어 두고 싶었죠. 잘 보이진 않지만, 아이를 홀로 키우고 남들 앞에 열정적으로 나서기도 하는 금애의 직업은 영어 학원 교사로 설정했어요. 명화는 재난 상황이 발생한 집단 내에서 지위를 가질 수 있는 여성의 직업을 떠올리다 간호사가 됐고요. 다만 모든 인물들의 직업과 행동이 꼭 일치한다고는 생각하지 않아요. 명화는 자기 신념을 지키기 위해 노력하고 사람들에게 손을 먼저 내밀지만, 어느 순간부터 선을 넘는 행동을 하기도 하거든요. 인간의 존엄을 중요하게 생각하면서, 영탁의 정체를 밝히겠다는 일념으로 다른 사람의 시체를 많은 이들 앞에서 공개하기도 하고요. 어떻게 보면 명화도 황궁아파트라는 틀 안에서 가능한 선까지만 도덕적일 수 있는 인물이었던 거예요. 이후에 다른 곳으로 갔을 때 '그냥 살아도 돼요?'라고 묻잖아요. 그건 명화의 기존 가치관이 명백하게 깨지는 순간이죠.

이신지　　저는 역으로 생각했던 것 같아요. 예를 들어 민성이 공무원이기에 순응적인 것이 아니라, 가족을 일찍 만들고 싶고 안정을 중요하게 생각하는 사람이기에 공무원이 됐을 것이라는 식으로 생각한 거죠. 하나의 집단을 다루고, 그 안에서 서로 논쟁할 만한 가치관을 지닌 인물들이 등장하기에 약간은 정해진 흐름 같은 인상을 받을 수도 있어요. 다만 저 역시 인물들의 가치관이 많이 변화한다고 생각하며 각본을 썼어요. 영탁도, 민성도, 금애도 모두 감정적으로나 태도가 변화하는 인물이에요. 명화도 처음 외부인을 방출할 때는 뒤로 물러나 있다가, 나중에는 남편과 사람들을 지키기 위해 적극적으로 행동하죠.

이신지　　명화에 가까울 것 같아요. 상식적인 수준에서 이타심을 발휘하려고는 하지만, 도균처럼 아주 적극적으로 사람들을 보호하거나 하진 못할 것 같거든요. 하지만 마음 한구석엔 서늘한 생각도 자리해요. 비록 악당이 만든 시스템이더라도 그 안에서 내가 보호받는 압도적인 안온함이 있다면, 그걸 거부하면서까지 명화처럼 행동할 수 있을지 모르겠어요.

엄태화　　관객 반응을 예측했을 때 명화의 편이 많지 않을 거라는 생각은 했지만, 이 정도일 줄은 몰랐어요. 제게 '왜 이런 민폐 캐릭터를 만들었냐'고 직접적으로 질문하는 분들도 있었죠. 해외 반응은 훨씬 열려있어요. 그만큼 한국 사회가 남을 위해 손을 뻗는 것에 있어 경직된 분위기구나 하는 생각을 하는 계기가 됐죠. 만약 저라면 앞에 나서는 건 절대적으로 피했을 거예요. 민성은 아예 될 수도 없고, 도균처럼 '저는 빠지겠다'며 전투적으로 표현하지도 못했을 것 같아요. 어떻게든 핑계를 대면서 수색대 활동을 빠지고, 외부인이 너무 간절하게 들여보내 달라고 부탁하면 어쩔 수 없이 받아주는 사람이지 않았을까요. 그런데 그전에 그냥, 건물에 깔렸을 것 같기도 하네요.(웃음)

네 이웃을

네 몸과 같이
사랑하라.

화면 멀어지면
점처럼 작게
보이는
혜원,

층층이
위아래로
쌓인
콘크리트
복도에
갇힌 듯 보인다.

자신을 보는
명화의 눈빛이
뭔가
달라졌음을
직감한다.
돌아서 가는
명화와 혜원을

서슬
퍼렇게
보는 영탁.

공포에
질린 명화가
덜덜
떨고 있다.

그 모습을
본 민성, 갑자기
각성한 듯
정신이
번쩍 든다.

모로 누운
자세로
쓰러진 채
그들의 신발을
보는 영탁.
상관하지 않고
난장판을
만드는
외부인들.

핏자국과
진흙 등등이
바닥에 찍힌다.

눈부신 빛에
눈을 뜨는 명화.
잠시
멍하니
그쪽을 본다.

두 사람이
누운 곳 너머
스테인드글라스를
통해 형형색색한
빛이 들어오고
있다.

...저 그냥 살아도
되는 거예요?

그걸 왜 우리한테
물어봐요,
살아있으면
걍 사는 거지.

콘크리트 유토피아의 혜원, 박지후입니다.
큰 스크린으로 관객 분들과 함께 영화를 본 날의 희열,
무대인사를 돌며 느꼈던 행복의 기억들이 너무 과분하고
생생한데 대본집까지 나온다니 기뻐서 날아갈 것 같아요.
대본집은 영화와는 또 다른 느낌을 관객 분들께
드릴 것 같아요. 영화에서 놓쳤던 작은 것들도
보이실 것이고, 하나하나 풀어가고 찾아가는 재미도
있으리라 생각됩니다 ㅋ<
콘유와 함께 할 수 있어서, 혜원으로 관객분들을
찾아 뵐 수 있어서 황홀했어요. 선배님들의 눈빛, 손짓
하나마저도 놓칠 수 없는 너무 너무 재미있고 좋은 우리 영화,
대본 보시며 다시 한 번 생각해주세요.
bgm은 아파트 추천드립니다. 영원히 애정해주세요.
으라차차 콘유! 아자! 파이팅! 감사합니다. 사랑합니다 ♡

— 지후, 혜원 올림 ☺ —

대본집을 구입해 주신 입주민분들께♡

대본집까지 구입하셨다면, 콘크리트 유토피아를
정말로 사랑하신다는 거겠죠?
저는 콘·유를 만나고, 명화를 연기할 수 있어서
행복했습니다.
이 대본집이 콘·유를 더 이해하고, 더 재미있게
볼 수 있는 하나의 재난 매뉴얼이 되었으면
좋겠습니다 ♡

많이 사랑해주셔서 정말 감사합니다.
우리 명화가 여러분 마음속에 깊이 남기를
희망합니다. 감사합니다!!

　　　　　　　　　　-명화. 보영

안녕하세요 〈콘크리트 유토피아〉에서
'민성'을 연기한 박서준 입니다.
우선 콘유를 사랑해 주신 많은 팬분들, 관객 분들께
진심으로 감사드립니다 !!

이렇게 각본집 까지 나올수 있었던 것은
모두 여러분의 사랑과 관심 덕분이 아닌가 생각 합니다.

정말 뜨거웠던 여름 작품을 위해 수많은 사랑이 되어
고군분투 하며 때로는 즐겁게 때로는 힘겹게
피 땀 눈물이 모여 만든 작품입니다.
각본집을 통해 새로운 콘크리트 유토피아도
느껴 보셨으면 좋겠습니다.

감사합니다 사랑합니다 ♥

`콘크리트 유토피아`를 관람해주신
모든 분들께 진심으로 감사드립니다!

서문	이신지
	작가

작품 속 인물들은 사정없이 코너로 내몰면서 스스로는
평안을 바라며 산다. 가끔 미안할 때도 있지만 역시
무척 즐겁다고 생각한다. 중앙대 문예창작학과에서 말로
설명할 수 없는 것들을 말로 쓰는 법을 배웠다.
〈콘크리트 유토피아〉를 썼다.

	엄태화
	감독

영화 〈잉투기〉〈가려진 시간〉에 이어
〈콘크리트 유토피아〉를 각본 연출했다.

컨셉 아트 /	조화성
코멘트	미술감독

1997년 영화 〈초록물고기〉를 시작으로 〈좋은 놈, 나쁜 놈,
이상한 놈〉〈밀정〉〈남산의 부장들〉〈한산: 용의 출현〉
드라마 〈정신병동에도 아침이 와요〉 등 다양한 작품에
참여하며 강렬하고 풍부한 시각적 경험을 선사하고 있다.
화성공작소를 운영 중이다.

대담 /	이은선
인터뷰어	영화 저널리스트

어제도 오늘도 영화에 대해 쓰고 말하고 그리는 사람.
영화 전문지 〈스크린〉, 〈무비위크〉, 중앙일보
〈magazine M〉의 취재 기자를 거쳐 지금은 프리랜서 영화
전문기자로 활동하고 있다. 다양한 지면과 채널에 영화에
관한 글과 인터뷰를 수록하고 극장에서는 GV로 관객과
만난다. MBC FM4U 'FM영화음악'에서 '이은선의 필(름)
소 굿' 코너를 진행하고 있다.

콘크리트 유토피아
아카이브 북
Concrete Utopia Archive Book

초판 1쇄 발행	2024년 1월 19일
저자	이신지, 엄태화, 조슬예, 정승오, 조화성
펴낸곳	플레인아카이브
펴낸이	백준오
편집	이한솔
디자인	6699프레스
교정	이보람
지원	장지선
스틸 제공	권혁, 노주한
컨셉 아트 이미지 제공	박규빈, 이수연, 조화성
스토리보드 제공	조용익
인터뷰	이은선
도움 주신 분	김도윤, 김보라, 김선영, 김수경, 김종화, 박보영, 박서준, 박지후, 변승민, 윤령주, 이병헌, 이상미, 이승민, 정재구, 최유리

출판등록	2017년 3월 30일
	제 406-2017-000039호
주소	경기도 파주시 회동길 336-17, 302호
이메일	cs@plainarchive.com
가격	42,900원
ISBN	979-11-90738-60-6(03680)